Dicintai, Dipilih dan Utuh:

Perjalanan 30 Hari dari Penolakan hingga Pemulihan

Oleh

Zacharias Godseagle ;

Duta Besar Senin O. Ogbe ;

Kenyamanan Ladi Bahasa Ogbe

-

Zacharias Godseagle;

Ambassador Monday O. Ogbe;

Comfort Ladi Ogbe

Halaman Hak Cipta

Desain Sampul oleh Tim Elang Tuhan
Dicetak di Amerika Serikat
Edisi Pertama, 2025

Diterbitkan oleh
Zachariah Godseagle dan
Pelayanan Elang Tuhan – GEM
https://www.otakada.org

Untuk izin, pertanyaan, atau lisensi kelompok, silakan hubungi: ambassador@otakada.org

Tentang Buku

Apakah Anda lelah merasa tidak diinginkan, diabaikan, atau merasa tidak akan pernah bisa memenuhi harapan?
Loved, Chosen and Whole: A 30-Day Journey from Rejection to Restoration lebih dari sekadar renungan—ini adalah undangan yang memberi kehidupan untuk menemukan kembali nilai diri Anda yang sebenarnya, mendapatkan kembali identitas Anda, dan bangkit menuju kepenuhan diri yang Tuhan inginkan saat Anda diciptakan.

Ditulis dari sudut pandang pria dan wanita dan dijalin dengan kisah-kisah Michael dan Grace yang kuat dan emosional, perjalanan transformatif ini menawarkan penyembuhan harian melalui kitab suci, refleksi sepenuh hati, doa-doa strategis, dan jurnal yang dipandu. Apakah Anda sedang berjuang melawan luka dari masa kanak-kanak, hubungan, pelayanan, atau kepemimpinan, buku ini akan menuntun Anda dari abu penolakan menuju keindahan pemulihan.

Anda akan belajar cara:

- ***Bebaskan diri dari kebohongan tentang ketidaklayakan dan keraguan terhadap diri sendiri***
- ***Membungkam gema pengkhianatan masa lalu dan luka emosional***
- ***Rangkullah identitas pemberian Tuhan kepada Anda sebagai orang yang dicintai, dipilih, dan utuh.***
- ***Maafkanlah dengan sepenuh hati dan berjalanlah dalam damai***

- ***Temukan tujuan dan gunakan kisah Anda untuk menyembuhkan orang lain***

Setiap hari akan membawa Anda lebih dekat ke hati Bapa, memperbarui pikiran Anda dan memulihkan jiwa Anda. Inilah waktu Anda. Inilah penyembuhan Anda. Inilah **perjalanan Anda kembali menuju kesempurnaan** . Dengan cinta dari **Zachariah; Amb . Ogbe , dan Comfort Ladi**

Kata Kunci untuk Dicintai, Dipilih dan Utuh: Perjalanan 30 Hari dari Penolakan hingga Pemulihan -

- ***Renungan tentang penyembuhan dari penolakan***
- ***Renungan Kristen untuk penyembuhan***
- ***Mengatasi penolakan dengan iman***
- ***Renungan 30 hari untuk penyembuhan emosional***
- ***Renungan untuk hati yang hancur***
- ***Menemukan jati diri dalam Kristus renungan***
- ***Pemulihan setelah penolakan Studi Alkitab***
- ***Renungan tentang kasih Tuhan dan penyembuhan***
- ***Renungan Kristen untuk harga diri***
- ***Panduan doa untuk penyembuhan penolakan***
- ***Renungan Alkitab tentang penyembuhan emosional***
- ***Renungan untuk pemulihan rohani***

- *Renungan tentang penyembuhan dari pengabaian*
- *Renungan untuk patah hati dan penyembuhan*
- *Renungan perjalanan menuju pemulihan*
- *Renungan tentang penerimaan Tuhan*
- *Renungan penyembuhan berbasis iman*
- *Buku renungan Kristen yang inspiratif*
- *Renungan untuk mengatasi penolakan dan rasa sakit*
- *Renungan harian dengan panduan doa untuk penyembuhan*

Dedikasi

Untuk siapa pun yang pernah merasa tidak berharga, tidak dicintai, tidak terlihat, atau tidak diinginkan— Buku ini untuk Anda.

Bagi anak yang ditelantarkan, pemimpin yang dikhianati, pasangan yang ditolak, teman yang diabaikan— Perjalanan ini adalah penyembuhanmu.

Kepada setiap pria dan wanita yang pernah menangis dalam diam, meragukan nilai mereka, dan mempertanyakan tempat mereka.
Anda tidak sendirian.

Dan bagi Dia yang melihat, menyembuhkan, memulihkan, dan tidak pernah menolak—Yesus Kristus, Penebus kami— Segala kemuliaan dan hormat adalah milik-Mu.

Ucapan Terima Kasih

Pertama-tama kita panjatkan pujian dan syukur ke hadirat **Tuhan Yang Maha Esa** , Sang Penyembuh hati yang terluka, Sang Pemulih takdir, dan Sang Maha Pengampun yang tidak pernah menolak siapa saja yang datang kepada-Nya.

Kepada **Roh Kudus** , Penghibur, Penasihat, dan Sahabat kami yang setia—terima kasih karena telah memberikan kehidupan pada halaman-halaman ini dan menuntun setiap kata dengan tujuan.

Kepada para **pria dan wanita yang kisahnya menginspirasi renungan ini** , baik secara langsung maupun tidak langsung—terima kasih atas kerentanan dan keberanian Anda. Perjalanan Anda mengingatkan kita bahwa tidak ada penderitaan yang sia-sia di tangan Tuhan.

Kepada para **pendoa syafaat, mentor, bapak dan ibu rohani** yang telah berdoa, bernubuat, dan mencurahkan perhatian pada visi ini—dukungan kalian sangatlah mendasar.

Khususnya kami ingin mengucapkan terima kasih kepada Billy Graham yang telah diberkahi ingatannya atas kontribusinya pada **CARA TERLAHIR KEMBALI. Sangat berharga bagi proses penyembuhan dan pemulihan. Semoga Tuhan memberkati ANDA!**

Kepada **tim di God's Eagle Ministries – GEMs** , terima kasih atas dukungan Anda yang teguh dan komitmen Anda yang tak kenal lelah untuk menyebarkan penyembuhan dan kebenaran di seluruh dunia.

Bagi siapa pun yang pernah mengalami penolakan dan masih berani percaya lagi— **buku ini merupakan penghargaan atas ketangguhan Anda.**

Dan untuk Anda, para pembaca—terima kasih telah membuka hati Anda untuk penyembuhan. Semoga perjalanan ini menuntun Anda ke dalam kehidupan yang penuh pemulihan, identitas, dan tujuan ilahi.

Perkenalan

Penolakan adalah salah satu pengalaman hidup yang paling menyakitkan. Penolakan datang tanpa suara, tetapi berbicara dengan lantang. Penolakan berbisik bahwa Anda tidak cukup baik, tidak diinginkan, dan tidak berharga. Entah itu datang dari orang tua yang meninggalkan Anda, pasangan yang mengkhianati cinta Anda, pemimpin yang tidak pernah percaya pada Anda, atau sistem yang mengabaikan Anda—penolakan meninggalkan bekas di jiwa.

Saya telah melewati penolakan. Saya telah merasakan perihnya dihakimi, ditinggalkan, dan tidak diperhatikan. Namun, saya juga telah menemukan sesuatu yang lebih besar: kasih yang tidak pernah gagal, suara yang memanggil saya sebagai orang pilihan, dan penyembuhan yang tidak dapat ditahan oleh luka apa pun. Penemuan itu melahirkan renungan ini.

"Dicintai, Dipilih dan Utuh" bukan hanya sekedar gelar—itu adalah identitas ilahi Anda.

Perjalanan 30 hari ini disusun dengan belas kasih, Kitab Suci, dan kisah nyata untuk membantu Anda bergerak dari bayang-bayang penolakan menuju terang pemulihan. Anda akan bertemu **Michael** dan **Grace** , dua suara yang dapat dipahami yang mempersonifikasikan perjuangan dan kemenangan yang kita semua hadapi dalam pertempuran untuk diterima. Melalui kisah mereka—dan kisah Anda sendiri—Anda akan mengungkap kebenaran, menghadapi kebohongan, dan menemukan kembali Dia yang tidak pernah menolak Anda: Tuhan.

Setiap hari menawarkan Anda:

- **Sebuah cerita yang menarik untuk menarik perhatian Anda**
- **Sebuah kebenaran dari Kitab Suci untuk menguatkan Anda**
- **Sebuah refleksi untuk menggugah hati Anda**
- **Doa untuk menyelaraskan jiwa Anda**
- **Jurnal yang membantu Anda memproses penyembuhan Anda**

Buku ini adalah tempat yang aman bagi Anda. Buku ini diperuntukkan bagi mereka yang patah hati, mereka yang kuat tetapi lelah, dan mereka yang menderita dalam diam. Apakah Anda membaca buku ini dari tempat yang masih terasa sakit atau dari bekas luka yang masih terasa sakit, saya ingin Anda tahu:

Anda tidak sendirian. Anda sangat dicintai. Anda dipilih. Dan ya—Anda utuh.

Biarkan ini menjadi titik balikmu. Biarkan ini menjadi pemulihanmu.

Selamat datang di perjalanan penyembuhan Anda.

Pesan untuk Pemimpin Kelompok dan Fasilitator

Yang terhormat rekan Pemimpin,
Terima kasih atas ketulusan hatimu untuk berjalan bersama orang lain dalam perjalanan mereka dari penolakan menuju pemulihan. Kamu sedang melakukan pekerjaan suci.

Renungan ini dirancang tidak hanya untuk refleksi pribadi tetapi juga untuk kelompok kecil, pelayanan penyembuhan, lingkaran doa, dan lingkungan konseling. Setiap hari menawarkan tema-tema yang kuat, Kitab Suci, dan pengalaman hidup nyata yang dapat memicu percakapan mendalam dan transformasi dalam konteks kelompok.

Berikut adalah beberapa saran untuk membantu Anda memfasilitasi secara efektif:

- *Buka setiap sesi dengan doa, undang Roh Kudus untuk memberikan kesembuhan dan wawasan.*

- *Bacalah renungan harian dengan suara keras, lalu berikan waktu bagi anggota kelompok untuk merenungkannya secara individu.*

- *Gunakan pertanyaan refleksi untuk memandu percakapan yang jujur dan penuh rasa hormat.*

- *Dorong penulisan jurnal, tetapi jadikan berbagi sebagai hal yang opsional—beberapa penyembuhan terjadi dalam keheningan.*

- *Akhiri dengan deklarasi doa, ucapkan bersama-sama sebagai komunitas iman.*

- *Ciptakan ruang yang penuh keanggunan, kerahasiaan, dan tanpa penghakiman—ini penting untuk penyembuhan yang mendalam.*

- Anda mungkin juga ingin menyisihkan waktu khusus pada Hari ke-30 untuk kesaksian, ibadah, atau doa pengukuhan bagi para peserta yang melangkah ke dalam tujuan setelah penyembuhan.

Ingat : penyembuhan adalah sebuah perjalanan, bukan tujuan. Kepemimpinan, empati, dan kepekaan spiritual Anda adalah kunci untuk membuka kebebasan dalam diri orang lain. Saat Tuhan menggunakan buku ini, semoga Dia juga menggunakan Anda untuk menjadi wadah penghiburan dan pemulihan-Nya.

Dengan rasa syukur dan doa yang mendalam,
Zachariah Godseagle ; Duta Besar Senin O. Ogbe ; Comfort Ladi Pelayanan Elang Tuhan
Ogbe – GEM
www.otakada.org

Rekomendasi Khusus untuk Gereja/Pelayanan

- **Sediakan renungan ini sebagai bagian dari kampanye penyembuhan selama 30 hari.** Promosikan dalam kebaktian, pelajaran Alkitab, atau sesi konseling khusus.
- **Digunakan dalam pelayanan pembebasan dan penyembuhan batin.** Tema-tema tersebut selaras dengan pemulihan rohani yang mendalam.
- **Sertakan testimoni** di akhir siklus 30 hari untuk dorongan dan pertumbuhan.
- **Pertimbangkan program lanjutan** tentang penemuan tujuan, harga diri, dan pertumbuhan spiritual untuk melanjutkan transformasi.

Lisensi & Penggunaan Grup:
Untuk salinan massal atau akses grup digital, silakan hubungi kami di ambassador@otakada.org untuk mendapatkan diskon pelayanan atau versi yang disesuaikan dengan organisasi Anda.

Biarlah perjalanan ini menjadi lebih dari sekadar renungan—biarkanlah menjadi gerakan penyembuhan, kebebasan, dan pemulihan ilahi di seluruh Tubuh Kristus.

Addendum Panduan Fasilitator: Untuk Gereja, Pelayanan, dan Kelompok Penyembuhan

Tujuan:
Renungan ini cocok **digunakan di gereja, pelayanan penyembuhan, kelompok konseling, dan persekutuan dukungan** di mana orang mencari kesembuhan dari luka emosional, rohani, dan relasional.

Format Grup yang Disarankan (Penggunaan Mingguan atau Harian):

1. **Doa Pembukaan dan Ibadah (5–10 menit)**
   Sambut Roh Kudus di tengah-tengah Anda dan ciptakan suasana damai dan keterbukaan.
2. **Bacaan Renungan (5–10 menit)**
   Bacalah catatan harian dengan suara keras atau tugaskan terlebih dahulu. Ganti pembaca setiap minggu untuk menarik partisipasi.
3. **Refleksi Kelompok (20–30 menit)**
   Gunakan pertanyaan refleksi untuk mendorong diskusi yang transparan. Ingatkan peserta bahwa ini adalah ruang yang aman dan rahasia.
4. **Jurnal Pribadi (10 menit)**
   Berikan waktu untuk pemrosesan individual. Jurnal dapat dibagikan secara sukarela.
5. **Doa & Syafaat (10–15 menit)**
   Berdoa untuk masalah-masalah tertentu yang dibahas. Akhiri setiap sesi dengan

pernyataan doa penyembuhan yang disertakan.

6. **Komitmen Tindakan**
   Dorong anggota untuk menerapkan pelajaran hari itu dengan cara yang praktis—entah itu memberikan pengampunan, merenungkan Kitab Suci, atau menulis jurnal surat kepada Tuhan.

Kisah Michael dan Harapan

Michael tumbuh dalam keluarga yang jarang mendapatkan kasih sayang dan persetujuan. Ayahnya, seorang pria yang tegas dan tidak mau bergaul, jarang mengucapkan kata-kata yang menguatkan. Ibunya, yang kewalahan dengan berbagai kesulitan hidup, sering kali mengabaikan kebutuhan emosionalnya. Sejak usia muda, Michael menanamkan pesan yang menyakitkan: dirinya tidak cukup baik. Tidak peduli seberapa keras ia berusaha, ia merasa tidak terlihat, tidak dicintai, dan ditolak.

Di sekolah, Michael berjuang untuk menyesuaikan diri. Teman-teman datang dan pergi, tetapi ia selalu merasa seperti orang luar yang hanya melihat dari luar. Guru-guru sering mengabaikannya, dan bahkan kesalahan-kesalahan terkecil pun tampaknya menegaskan ketidakberhargaannya. Seiring berjalannya waktu, penolakan itu menjadi mendarah daging—bayangan yang mengikutinya ke mana-mana, membisikkan kebohongan tentang nilainya.

Seiring bertambahnya usia Michael, penolakan yang mendalam ini memengaruhi setiap aspek kehidupannya—hubungan, karier, dan harga diri. Ia takut akan keintiman, karena khawatir orang lain akan meninggalkan atau menolaknya. Ia ragu untuk mengejar mimpinya, karena yakin bahwa ia tidak layak untuk sukses. Rasa sakit itu terasa pelan tetapi terus-menerus, seperti rantai berat yang tidak dapat ia putuskan.

Suatu hari, di titik terendah hidupnya, seorang teman memberinya sebuah buku renungan berjudul *Loved,*

Chosen and Whole: A 30-Day Journey from Rejection to Restoration . Meski skeptis tetapi putus asa, Michael mulai membaca. Pesan setiap hari berbicara langsung ke hatinya, mengungkapkan kebenaran yang telah dilupakannya atau tidak pernah diketahuinya: bahwa kasih Tuhan tidak bersyarat, bahwa Ia dipilih dengan sepenuh hati, dan bahwa identitasnya tidak ditentukan oleh pendapat orang lain, tetapi oleh Sang Pencipta yang memanggilnya dengan namanya.

Secara perlahan, Michael mulai melihat dirinya melalui mata Tuhan. Rantai penolakan mengendur saat ia memeluk doa, refleksi, dan kuasa Kitab Suci. Ia mengambil langkah-langkah praktis—mencari konseling, membangun hubungan yang sehat, dan mengejar hasrat yang dulunya tampak tak terjangkau.

Kini, Michael tidak lagi didefinisikan oleh penolakannya di masa lalu, tetapi oleh pemulihan yang telah ditemukannya. Ia berjalan dengan percaya diri, mengetahui bahwa ia dicintai, dipilih, dan utuh. Kisahnya adalah bukti bahwa tidak peduli seberapa dalam penolakan yang dialami, penyembuhan dan harapan selalu dapat diraih.

Kisah Kasih Karunia dan Pembaharuan

Grace selalu tersenyum, tetapi di balik itu ada hati yang berat karena penolakan. Sejak kecil, ia merasakan perihnya ditinggalkan—orang tuanya bercerai saat ia masih sangat kecil, dan ia berpindah-pindah rumah, tidak pernah merasa diterima. Di sekolah dan lingkungan sosial, Grace sering merasa diabaikan, seolah-olah suaranya tidak berarti. Pesan yang tak terucapkan itu jelas: ia tidak cukup untuk dicintai sepenuhnya atau selamanya.

Saat memasuki masa dewasa, penolakan yang mengakar dalam diri Grace muncul dalam hubungannya. Ia mendapati dirinya tertarik pada orang-orang yang tidak tersedia secara emosional atau meremehkan, sehingga terus menerus mengalami siklus menyakitkan berupa perasaan tidak diperhatikan dan tidak dihargai. Jauh di lubuk hatinya, Grace mendambakan penerimaan, tetapi penolakan selama bertahun-tahun membuatnya sulit untuk percaya bahwa ia layak mendapatkannya.

Meskipun sakit, Grace berpegang teguh pada harapan yang tenang—bisikan bahwa ia bisa menjadi lebih dari masa lalunya. Suatu hari, merasa sangat hancur, ia menemukan renungan *Loved, Chosen and Whole: A 30-Day Journey from Rejection to Restoration* . Skeptis tetapi haus akan kesembuhan, ia mulai membaca. Setiap renungan menggugah sesuatu di dalam dirinya—pengingat lembut bahwa kasih Tuhan tidak didasarkan pada kinerja atau persetujuannya dari orang lain, tetapi diberikan dengan cuma-cuma, tanpa syarat, dan tak tergoyahkan.

Melalui refleksi, doa, dan cerita harian, Grace mulai membongkar kebohongan yang selama bertahun-tahun dipercayainya. Ia belajar untuk menerima identitasnya sebagai putri pilihan Tuhan, yang disayangi dan utuh. Penyembuhan tidak terjadi secara instan—itu adalah perjalanan yang penuh dengan air mata, terobosan, dan keberanian untuk menghadapi luka lama. Namun, dengan setiap langkah, Grace tumbuh lebih kuat, belajar untuk menetapkan batasan yang sehat, memaafkan dirinya sendiri dan orang lain, serta berjalan dengan berani dalam tujuan hidupnya.

Kini, Grace bersinar dengan rasa harga diri dan rasa memiliki yang baru. Ia berbagi kisahnya untuk menyemangati orang lain yang merasa terjebak oleh penolakan. Perjalanan Grace menunjukkan bahwa pemulihan itu mungkin—bahwa setiap wanita yang merasa hancur dapat bangkit, dicintai, dipilih, dan utuh.

Gejala dari Penolakan yang Mendarah Daging

Penolakan yang mengakar dapat sangat memengaruhi identitas, hubungan, dan pilihan hidup seseorang. Anda sering kali dapat mengetahui pengaruhnya terhadap kehidupan seseorang melalui pola perilaku, emosi, dan keyakinan yang konsisten. Berikut ini beberapa tanda yang jelas:

1. Kebutuhan Konstan untuk Persetujuan

- Mereka terlalu mencari validasi atau takut ditolak, bahkan dari orang asing.
- Pujian memberi mereka kelegaan sementara, tetapi mereka cepat jatuh kembali ke dalam rasa tidak aman.

2. Takut akan Keintiman atau Kerentanan

- Mereka kesulitan untuk terbuka dalam hubungan atau menjauhkan orang lain agar tidak terluka.
- Mereka berasumsi orang lain pada akhirnya akan meninggalkan, mengkhianati, atau menolak mereka.

3. Reaksi Berlebihan terhadap Kritik

- Bahkan koreksi atau ketidaksetujuan yang lembut pun terasa seperti serangan pribadi.
- Mereka menjadi defensif atau menarik diri secara emosional.

4. Sabotase Diri

- Mereka berhenti sebelum mencoba, menghindari peluang, atau menganggap kegagalan sebagai sesuatu yang tak terelakkan.
- "Saya tidak cukup baik" atau "Mereka tidak akan memilih saya" menjadi naskah bawah sadar.

5. Isolasi dan Penarikan Diri

- Mereka lebih suka menyendiri bukan karena mereka menikmati kesendirian, tetapi untuk menghindari penolakan lagi.
- Mereka mungkin berkata, "Saya lebih baik sendiri" meski sebenarnya mereka mendambakan koneksi.

6. Identitas Berbasis Kinerja

- Harga diri mereka terkait dengan prestasi, pekerjaan, pelayanan, atau perilaku baik.
- Mereka merasa mereka harus "memperoleh" cinta, bahkan dari Tuhan.

7. Sumpah Batin dan Keyakinan yang Membatasi

- Mereka telah membuat sumpah internal seperti: "Aku tidak akan pernah membiarkan siapa pun menyakitiku lagi."
- Sumpah ini diam-diam membimbing keputusan mereka dan mencegah kebebasan atau penyembuhan.

8. Keterputusan Spiritual

- Mereka mungkin sulit mempercayai bahwa Tuhan benar-benar mengasihi dan menerima mereka.
- Mereka memandang Tuhan sebagai hakim lebih dari sekadar Bapa yang penuh kasih, dan sering kali merasa tidak layak di hadirat-Nya.

Penyembuhan dari Penolakan yang Mendarah Daging: Panduan Langkah demi Langkah

Langkah 1: Kenali Akarnya

Bertanya:

- Di mana penolakan itu bermula? Masa kanak-kanak? Pengkhianatan? Pengabaian? Pengabaian orang tua?
- Siapa atau apa yang pertama kali membuat Anda merasa tidak dicintai, tidak berharga, atau tidak diinginkan?

Jurnal Refleksi:

- "Saya pertama kali merasa tidak diinginkan ketika..."

- “Saya yakin saya tidak cukup baik karena...”

Doa:
“Tuhan, tunjukkanlah kepadaku akar penolakan dalam hidupku. Pancarkanlah cahaya-Mu pada luka-luka yang tersembunyi. Sembuhkan apa yang tidak dapat kulihat.”

Langkah 2: Menolak Kebohongan

Penolakan sering kali menanamkan kebohongan seperti:

- "Aku tidak layak dicintai."
- "Semua orang pergi."
- "Saya harus membuktikan diri saya."

Tindakan:
Tuliskan kebohongan yang Anda percayai. Lalu nyatakan kebenarannya:

- "Aku diterima di dalam Dia, yang dikasihi-Nya" (Efesus 1:6).
- "Kejadianku dahsyat dan ajaib" (Mazmur 139:14).
- "Allah sekali-kali tidak akan membiarkan aku dan tidak akan meninggalkan aku" (Ibrani 13:5).

Doa:
"Saya tidak setuju dengan kebohongan penolakan. Saya menerima kebenaran tentang siapa saya di dalam-Mu, Tuhan."

Langkah 3: Maafkan Mereka yang Menolakmu

Ketidakmampuan memaafkan membuat luka tetap terbuka.

Tindakan:

- Sebutkan nama orangnya.
- Akui rasa sakitnya.
- Pilihlah untuk memaafkan, bahkan jika Anda belum merasakannya.

Doa:
"Bapa, aku mengampuni [nama] karena telah membuatku merasa tidak diinginkan dan tidak dicintai. Aku menyerahkan mereka kepada-Mu dan membebaskan diriku dari beban tidak mengampuni."

Langkah 4: Menerima Kesembuhan dan Penerimaan Tuhan

Biarkan Tuhan menjadi ayahmu lagi. Biarkan Dia mencintaimu saat orang lain gagal.

Tindakan:

- Luangkan waktu untuk merenungkan ayat-ayat suci tentang kasih Allah.
- Nikmati ibadah yang mengingatkan Anda akan identitas Anda.

Ayat Kunci:

- Yesaya 43:1 – "Aku telah memanggil engkau dengan namamu; engkau kepunyaan-Ku."
- Roma 8:15 – "Kamu tidak menerima roh perbudakan lagi yang membuat kamu takut..."

Doa:

"Bapa, aku menerima kasih dan penerimaan-Mu. Bangun kembali identitasku sebagai anak-Mu yang terkasih."

Langkah 5: Ucapkan Kehidupan dan Perbarui Pikiran Anda

Penolakan mendistorsi cara Anda memandang diri sendiri. Anda butuh pernyataan baru.

Deklarasi Harian:

- “Saya dipilih oleh Tuhan.”
- “Aku bukan sebuah kesalahan.”
- “Saya dicintai tanpa syarat.”

Tindakan:
Buatlah "Tembok Kebenaran" atau "Jurnal Identitas" tempat Anda menuliskan apa yang Tuhan katakan tentang Anda.

Langkah 6: Jalin Kembali Hubungan yang Sehat

Penolakan mengisolasi, tetapi penyembuhan menghubungkan kembali.

Tindakan:

- Ambil langkah-langkah kecil untuk membuka diri dalam hubungan yang aman.
- Bergabunglah dengan komunitas yang sehat, kelompok doa, atau lingkaran dukungan penyembuhan.
- Izinkan orang-orang yang tepercaya untuk berjalan bersama Anda.

Doa:
"Tuhan, bawalah orang-orang yang tepat ke dalam hidupku—mereka yang akan mencintaiku dengan hati-Mu dan membantuku bertumbuh dalam kesempurnaan."

Langkah 7: Melayani Penyembuhan bagi Orang Lain

Tuhan mengubah luka-luka Anda menjadi senjata penyembuhan.

Tindakan:

- Bagikan kesaksian Anda.
- Berdoalah bagi orang lain yang sedang bergumul dengan penolakan.
- Berjalanlah dalam kasih sayang dan pengertian.

Ayat Alkitab:
2 Korintus 1:4 – "Yang menghibur kami dalam segala penderitaan kami, sehingga kami sanggup menghibur mereka, yang berada dalam bermacam-macam penderitaan..."

Perjalanan 30 Hari dari Penolakan hingga Pemulihan Dimulai ....

HARI 1: Luka yang Diam

Ayat Alkitab (NLT):

"Sekalipun ayahku dan ibuku meninggalkan aku, namun Tuhan akan memeluk aku." – Mazmur 27:10

Kisah Michael:

Michael berdiri sendirian di pemakaman ayahnya, matanya kering tetapi hatinya berdarah. Ditolak saat masih kecil karena "terlalu sensitif," dia tidak pernah cukup baik. Sekarang, sudah terlambat untuk mendengar kata-kata yang sudah lama dia nantikan: *"Aku bangga padamu."* Keheningan itu menghantuinya.

Kisah Grace:

Grace selalu menjadi sosok yang tak terlihat. Diabaikan oleh orang tuanya, dimanfaatkan oleh kekasihnya, dan diberhentikan di tempat kerja. Penolakan bukanlah momen sesaat—itu adalah pola. Itu membentuk suaranya, langkahnya, dan harga dirinya. Senyumnya adalah tamengnya, tetapi di dalam hatinya dia mempertanyakan apakah dia penting.

Wawasan Devosional:

Penolakan tidak selalu keras. Sering kali, penolakan datang secara diam-diam—melalui keheningan, pengabaian, kritikan, dan pengabaian. Namun, apa pun sumbernya, tangan Tuhan selalu terbuka. Dia tidak hanya menoleransi Anda—Dia *memilih* Anda. Dia tidak membandingkan Anda—Dia *menghargai* Anda.

Daud, yang menulis Mazmur 27, mengalami penolakan. Diabaikan oleh keluarganya, diburu oleh musuh-musuhnya, dikhianati oleh putranya sendiri—namun ia menyatakan dengan yakin: *"Tuhan akan memelukku erat."*

Hari ini, jadikanlah itu kenyataan hidupmu. Tuhan tidak mendefinisikanmu berdasarkan siapa yang menolakmu—melainkan berdasarkan Dia yang menebusmu.

Pertanyaan Refleksi:

1. Siapa dalam hidup Anda yang membuat Anda merasa tidak berharga atau tidak terlihat?
2. Kebohongan apa yang Anda yakini tentang diri Anda sendiri karena penolakan tersebut?

Deklarasi Doa:

Bapa, bahkan ketika orang-orang menolakku, Engkau menerimaku. Ketika orang lain meninggalkanku, Engkau memelukku erat. Aku menyerahkan rasa sakit penolakan di masa lalu dan menerima pelukan kesembuhan-Mu. Jadikan aku utuh kembali, dalam nama Yesus. Amin.

Petunjuk Jurnal:

Tulislah surat kepada orang (atau beberapa orang) yang menolak Anda—bukan untuk dikirim, tetapi untuk dilepaskan. Curahkan rasa sakit Anda, lalu mintalah Tuhan untuk mengisi ruang itu dengan kebenaran-Nya.

Catatan:

HARI KE-2: Akar Kebohongan

Ayat Alkitab (Amplified):

"Pencuri datang hanya untuk mencuri, membunuh dan membinasakan. Aku datang supaya mereka memperoleh hidup, dan memperolehnya dalam segala kelimpahan." – Yohanes 10:10 AMP

Kisah Michael:

Michael tidak bisa menghilangkan suara di kepalanya: *"Kamu tidak cukup baik."* Suara itu bergema di ruang rapat, dalam pernikahannya, bahkan di gereja. Setiap kali seseorang tidak mengakui usahanya, lukanya terbuka lagi. Dia bekerja lebih keras untuk membuktikan kemampuannya, tetapi tepuk tangan itu tidak pernah bertahan lama.

Kisah Grace:

Grace pernah bermimpi menjadi seorang penyanyi. Namun, pada suatu malam, ibunya tertawa dan berkata, *"Jangan mempermalukan dirimu sendiri,"* mimpinya sirna. Sejak saat itu, setiap kesempatan terasa seperti jebakan, setiap pujian adalah kebohongan. Ia menutupi bakatnya dengan kerendahan hati, takut terlihat.

Wawasan Devosional:

Penolakan tertanam dalam diri kita: *"Kamu tidak layak," "Kamu tidak akan pernah memenuhi syarat," "Kamu tidak layak dicintai."* Namun, itu bukanlah pikiranmu—itu adalah benih yang ditabur musuh untuk mencuri identitasmu, membunuh kepercayaan dirimu, dan menghancurkan takdirmu.

Yesus tidak hanya datang untuk menyelamatkan jiwa Anda—Dia datang untuk **memulihkan seluruh hidup Anda** , termasuk **nilai** , **suara** , dan **identitas Anda** .

Hari ini, kenali kebohongan. Singkirkan. Ganti dengan kebenaran. Kebenaran Tuhan tidak reaktif—melainkan penebusan.

Pertanyaan Refleksi:

1. Pikiran berulang apa yang telah membatasi pertumbuhan Anda atau mencuri kegembiraan Anda?
2. Dapatkah Anda mengidentifikasi di mana dan kapan kebohongan itu dimulai?

Deklarasi Doa:

Yesus, Engkau datang untuk memberiku kehidupan yang berlimpah. Aku menolak setiap kebohongan yang mengatakan bahwa aku tidak berharga atau tidak diinginkan. Aku mencabut semua kebohongan ini dan menerima kebenaran-Mu: Aku dikasihi, berharga, dan diciptakan untuk suatu tujuan. Sembuhkanlah aku dari dalam ke luar. Amin.

Petunjuk Jurnal:

Tuliskan 3 kebohongan yang Anda yakini tentang diri Anda. Kemudian, di samping masing-masing kebohongan, tulislah sebuah kebenaran dari Firman Tuhan yang membantahnya.

Catatan:

HARI KE 3: Ketika Cinta Pergi

Ayat Alkitab (NLT):

"Tuhan itu dekat kepada orang-orang yang patah hati; Ia menyelamatkan orang-orang yang remuk jiwanya."
– Mazmur 34:18

Kisah Michael:

Dialah orang yang dia pikir akan bertahan. Ketika istrinya pergi, dia mengambil lebih dari sekadar pakaiannya—dia mengambil sisa-sisa kepercayaan dirinya. *"Kau terlalu rusak,"* katanya. Kepergiannya terasa seperti konfirmasi atas semua yang dia takutkan itu benar.

Kisah Grace:

Grace dikucilkan oleh tunangannya hanya beberapa minggu sebelum pernikahan mereka. Tidak ada penjelasan. Hanya keheningan. Dia menyalahkan dirinya sendiri—penampilannya, kepribadiannya, masa lalunya. Dia merasa diabaikan seperti kesalahan yang tidak ingin diakui siapa pun.

Wawasan Devosional:

Hanya sedikit luka yang lebih dalam daripada ditinggalkan oleh seseorang yang berjanji untuk tetap tinggal. Namun, inilah kebenarannya: **Tuhan tidak pernah pergi begitu saja.** Dia tidak lelah dengan air matamu. Dia tidak menarik diri saat kamu tidak dalam kondisi terbaik.

Hatimu mungkin hancur, tetapi masih bisa diperbaiki. Ketika orang-orang meninggalkanmu, Tuhan akan mendampingimu. Dia mendekati jiwamu yang hancur—bukan untuk mengasihanimu, tetapi untuk **menyelamatkan dan memulihkanmu** .

Pertanyaan Refleksi:

1. Siapa yang meninggalkan Anda, dan bagaimana hal itu membentuk harga diri Anda?
2. Dengan cara apa saja Anda masih menjalankan penyerahan diri itu hingga kini?

Deklarasi Doa:

Tuhan, aku menyerahkan kepada-Mu rasa sakit yang dirasakan orang-orang yang telah meninggalkanku. Aku mungkin merasa ditinggalkan, tetapi aku tidak pernah sendirian. Dekatilah aku dalam kehancuranku.

Selamatkan aku dengan kasih-Mu dan bangun kembali apa yang telah hilang. Amin.

Petunjuk Jurnal:

Tulislah surat doa kepada Tuhan tentang hubungan yang sangat melukai Anda. Bersikaplah jujur—lalu biarkan Dia berbicara kembali ke hati Anda.

Catatan:

HARI KE-4: Mempermalukan Dirimu Sendiri

Kitab Suci (AMP):

"Sebagai ganti rasa malumu [yang lama], kamu akan menerima bagian dua kali lipat..." – Yesaya 61:7a

Kisah Michael:

Michael benci menghadiri acara keluarga. Semua orang "baik-baik saja." Dia masih berusaha memperbaiki kekacauan masa lalunya—kehilangan pekerjaan, pernikahan yang gagal, utang. Tatapan, keheningan, rasa kasihan—semua itu menunjukkan *rasa malu.*

Kisah Grace:

Rasa malu terus menghantui Grace seperti bayangan. Pelecehan seksual, pertunangan yang gagal, pilihan yang buruk—dia yakin dia menanggungnya seperti surat merah tua. Bahkan saat dia tersenyum, jiwanya berbisik, *"Mereka tahu."*

Wawasan Devosional:

Rasa malu bukan berasal dari Tuhan. Rasa bersalah berkata, "Saya melakukan kesalahan." Rasa malu berkata, "Saya *adalah* orang yang salah." Yesus menanggung keduanya di kayu salib—rasa bersalah dan rasa malu Anda.

Janji Tuhan dalam Yesaya 61:7 bukanlah penghiburan yang samar-samar. Itu adalah **pernyataan tentang kompensasi ilahi** . Atas rasa malumu, Dia memberikan kehormatan. Atas penolakan, Dia memberikan rasa memiliki. Atas rasa sakit, Dia memberikan tujuan.

Anda tidak perlu merasa malu lagi di hari berikutnya.

Pertanyaan Refleksi:

1. Kenangan atau kesalahan apa yang masih membuat Anda merasa malu?
2. Bagaimana rasanya jika Anda benar-benar diampuni?

Deklarasi Doa:

Ya Tuhan, aku telah menyingkirkan rasa malu. Aku bukanlah apa yang telah dilakukan kepadaku atau apa yang telah kulakukan—aku adalah apa yang Kau katakan tentang diriku. Kenakanlah aku dengan martabat. Pulihkan identitasku. Aku menerima bagian ganda dari kesembuhan dan kehormatan-Mu. Amin.

Petunjuk Jurnal:

Jelaskan satu hal yang selama ini Anda sembunyikan karena malu. Lalu tuliskan seperti apa rasanya kebebasan jika beban itu hilang.

Catatan:

HARI KE-5: Suara Batin

Ayat Alkitab (NLT):

"Karena kita ini buatan Allah, yang diciptakan baru dalam Kristus Yesus, supaya kita dapat melakukan pekerjaan baik, yang dipersiapkan-Nya dahulu bagi kita." – Efesus 2:10

Kisah Michael:

Michael sering mendengar suara kritis ayahnya di kepalanya: *"Kamu tidak akan pernah menjadi apa-apa."* Bahkan sebagai pria dewasa, suara itu mengendalikan pilihannya—dan menenggelamkan potensinya.

Kisah Grace:

Suara hati Grace menggemakan setiap kata-kata kasar yang diucapkan kepadanya. Bahkan ketika orang-orang memujinya, pikirannya akan berbisik, *"Mereka tidak benar-benar bersungguh-sungguh."* Dia menyabotase berkat-berkat, takut berkat-berkat itu akan direnggut.

Wawasan Devosional:

Kita semua membawa narasi internal—naskah yang ditulis oleh penolakan, trauma, ketakutan. Namun hari ini, Tuhan menulis ulang kisah Anda. Anda bukanlah sebuah kesalahan. Anda bukanlah orang biasa. Anda bukanlah orang yang tidak diinginkan.

Anda adalah **mahakarya-Nya** . Anda diciptakan dengan tujuan, dibasuh dengan kasih karunia, dan ditakdirkan untuk menjadi hebat.

Sekarang saatnya membungkam para pengkritik dan memperkuat suara Sang Pencipta.

Pertanyaan Refleksi:

1. Suara siapa yang masih Anda dengar saat memutar ulang penolakan atau kritik?
2. Kebenaran apa dari Firman Tuhan yang perlu Anda sampaikan lebih lantang?

Deklarasi Doa:

Bapa, bungkamlah setiap suara yang menentang harga diriku. Aku memilih untuk percaya pada apa yang Engkau katakan tentang diriku. Aku adalah mahakarya-Mu. Aku cukup. Aku diciptakan dengan tujuan, untuk tujuan. Amin.

Petunjuk Jurnal:

Tulislah daftar “Aku adalah” berdasarkan Firman

Tuhan (misalnya, Aku dipilih, Aku dikasihi, Aku sempurna…). Tempelkan di tempat yang mudah terlihat.

Catatan:

HARI KE-6: Pelukan Sang Ayah

Ayat Alkitab (NLT):

" Maka pulanglah ia kepada ayahnya. Ketika ia masih jauh, ayahnya sudah melihatnya datang. Dengan penuh kasih dan belas kasihan, ia berlari mendapatkan anaknya, memeluk dan menciumnya."
– Lukas 15:20

Kisah Michael:

Michael telah jauh dari Tuhan—didorong oleh kepahitan dan rasa bersalah. Namun suatu malam, dalam keadaan patah hati dan kelelahan, ia membisikkan sebuah doa, *"Jika Engkau masih di sana..."* Yang terjadi selanjutnya bukanlah kutukan, melainkan rasa damai yang tak terbantahkan.

Kisah Grace:

Grace membayangkan Tuhan seperti ayah duniawinya—jauh dan kecewa. Namun dalam sebuah kebaktian penyembahan, lagu itu berkata, *"Dia adalah Bapa yang baik."* Air mata mengalir saat kenyataan baru muncul: *Tuhan menginginkan saya... bahkan sekarang.*

Wawasan Devosional:

Kisah anak yang hilang bukan hanya tentang pertobatan—ini tentang **seorang Bapa yang berlari** . Tuhan tidak hanya menunggu; Dia memperhatikan. Dia tidak tertarik pada ceramah tetapi **merangkul** .

Anda mungkin merasa tidak layak, terlalu jauh, terlalu rusak—tetapi Bapa Anda melihat Anda. Dia ingin Anda pulang. Biarkan tangan-Nya menjadi tempat penyembuhan Anda dimulai.

Pertanyaan Refleksi:

1. Apakah Anda melihat Tuhan sebagai Bapa yang penuh kasih atau sosok yang jauh?
2. Ketakutan apa saja yang Anda miliki saat tidak diterima sepenuhnya oleh-Nya?

Deklarasi Doa:

Abba Bapa, aku datang kepada-Mu sebagaimana adanya. Berlarilah kepadaku, peluklah aku, sembuhkanlah aku. Aku menyingkirkan rasa takut dan menerima pelukan-Mu. Engkau tidak seperti mereka yang telah pergi—Engkau setia, baik hati, dan penuh kasih. Amin.

Petunjuk Jurnal:

Tulislah surat seolah-olah Tuhan berbicara kepada Anda sebagai anak kesayangan-Nya. Mulailah dengan, *"Putra/putriku yang terkasih..."*

Catatan:

HARI KE 7: Penantian yang Berharga

Kitab Suci (AMP):

" Sebab itu Tuhan menanti-nantikan saatnya Ia hendak menunjukkan kasih karunia-Nya kepadamu, dan Ia menanti-nantikan saatnya Ia hendak mengasihani kamu." – Yesaya 30:18

Kisah Michael:

Michael mengira Tuhan telah melupakannya. Doa-doa yang tak terjawab selama bertahun-tahun membuatnya mati rasa. Namun, Tuhan tidak mengabaikannya—Dia sedang mempersiapkannya. Apa yang tampak seperti penundaan adalah waktu ilahi.

Kisah Grace:

Grace bertanya-tanya mengapa doanya memohon cinta dan penerimaan tampaknya tak terjawab. Perlahan, Tuhan mengungkapkan: *"Aku tidak hanya memberimu apa yang kau inginkan. Aku membuatmu siap untuk apa yang kau butuhkan."*

Wawasan Devosional:

Keheningan Tuhan bukan berarti ketidakhadiran. Terkadang Dia menunggu—bukan untuk menghukum, tetapi untuk **memberi posisi** . Penundaan-Nya bukanlah penyangkalan—itu adalah tanda cinta yang dalam dan disengaja.

Anda tidak dilupakan. Anda **layak untuk ditunggu** . Dan apa yang Tuhan sediakan untuk Anda akan jauh lebih besar daripada apa yang coba dicuri oleh penolakan.

Pertanyaan Refleksi:

1. Penundaan apa yang membuat Anda mempertanyakan harga diri Anda?
2. Dapatkah Anda memercayai waktu Tuhan, bahkan ketika terasa lambat?

Deklarasi Doa:

Tuhan, aku memilih untuk percaya kepada-Mu dalam penantian ini. Bantu aku untuk tidak menyamakan keheningan dengan ketidakhadiran. Persiapkan aku, sempurnakan aku, dan ketika waktunya tepat—pulihkan aku. Amin.

Petunjuk Jurnal:

Tulislah tentang sesuatu yang telah Anda nantikan. Lalu tuliskan apa artinya memercayai Tuhan dengan hasilnya.

Catatan:

HARI KE 8: Kebenaran Tentang Anda

Ayat Alkitab (NLT):

"Bukan kamu yang memilih Aku, tetapi Akulah yang memilih kamu. Aku telah menetapkan kamu, supaya kamu pergi dan menghasilkan buah yang kekal..." – Yohanes 15:16

Kisah Michael:

Michael selalu merasa seperti rencana cadangan dalam hidup—tidak pernah menjadi pilihan pertama. Namun, ketika ia membaca bahwa Yesus telah memilihnya secara pribadi, ada sesuatu dalam dirinya yang berubah. *"Tuhan menginginkan saya,"* bisiknya.

Kisah Grace:

Grace melihat dirinya sebagai "orang yang mereka pilih." Namun dalam keheningan kamarnya, Tuhan berbisik, *"Aku memilihmu sebelum mereka bisa menolakmu."*

Wawasan Devosional:

Sebelum dunia berkata, *"Kamu tidak cukup baik,"* Tuhan berkata , *"Kamu milik-Ku."* Kamu dipilih—bukan karena pertimbangan kedua, bukan karena rasa kasihan—melainkan dengan niat dan kasih.

Biarkan kebenaran itu menguatkan Anda hari ini: Anda **dipilih langsung** oleh Surga.

Pertanyaan Refleksi:

1. Kapan Anda merasa seperti orang yang tak penting dalam kehidupan seseorang?
2. Bagaimana mengetahui bahwa Tuhan memilih Anda mengubah cara Anda memandang diri sendiri?

Deklarasi Doa:

Yesus, terima kasih karena Engkau telah memilihku. Aku tidak dilupakan, ditolak, atau dipilih begitu saja. Aku milik-Mu. Bantulah aku untuk berjalan dalam keyakinan akan kebenaran itu hari ini. Amin.

Petunjuk Jurnal:

Tuliskan 5 area dalam hidup Anda di mana Anda sekarang memilih untuk percaya: *"Saya dipilih."*

Catatan:

HARI KE-9: Memutus Siklus

Kitab Suci (AMP):

“Lihatlah, Aku hendak membuat sesuatu yang baru! Sekarang sudah tumbuh, tidakkah kamu melihatnya?”
– Yesaya 43:19

Kisah Michael:

Michael menyadari bahwa ia mengulang apa yang dialaminya sejak kecil—jarak emosional, ketidakpercayaan, penderitaan yang tak terungkapkan. Namun suatu hari, ia berkata, *"Ini berakhir denganku."*

Kisah Grace:

Grace telah menyingkirkan setiap hubungan yang sehat karena rasa sakit lebih terasa daripada cinta. Sampai akhirnya dia berkata, *"Tidak lagi. Aku layak mendapatkan cinta sejati."*

Wawasan Devosional:

Penolakan sering kali terulang—kecuali kita menghentikannya. Tuhan memberimu kekuatan untuk **memutus siklus** . Apa yang menyakitimu tidak akan menjadi kata terakhir. Apa yang merusakmu tidak akan menentukan dirimu.

Anda bukanlah sejarah Anda. Anda adalah awal baru Tuhan.

Pertanyaan Refleksi:

1. Pola apa dalam hidup Anda yang berakar pada penolakan?
2. Siapkah Anda memilih penyembuhan, meski terasa asing?

Deklarasi Doa:

Ya Tuhan, aku bersyukur kepada-Mu karena aku tidak terikat oleh masa lalu. Putuskanlah setiap siklus penolakan, ketakutan, dan ketidakpercayaan dalam diriku. Aku nyatakan: ini berakhir denganku, dan penyembuhan dimulai hari ini. Amin.

Petunjuk Jurnal:

Jelaskan pola generasi atau perilaku pribadi yang siap Anda hentikan. Menurut Anda, "hal baru" apa yang ingin dimulai oleh Tuhan?

Catatan:

HARI KE 10: Kekuatan untuk Memaafkan

Ayat Alkitab (NLT):

"Berilah toleransi atas kesalahan orang lain, dan ampunilah setiap orang yang bersalah kepadamu. Ingatlah, Tuhan telah mengampuni kamu, jadi kamu pun harus mengampuni orang lain." – Kolose 3:13

Kisah Michael:

Michael tidak ingin memaafkan ayahnya. Namun, memendam kemarahan hanya akan membuatnya terkungkung. Memaafkan bukanlah melupakan—melainkan membebaskan dirinya dari penjara rasa sakit.

Kisah Grace:

Grace akhirnya memaafkan teman yang mengkhianatinya—bukan karena ia pantas menerimanya, tetapi karena Grace membutuhkan kedamaian. Pengampunan menjadi jalannya menuju kebebasan.

Wawasan Devosional:

Pengampunan bukanlah sebuah perasaan—melainkan sebuah **pilihan** . Bukan penyangkalan atas rasa sakit, tetapi sebuah pernyataan bahwa rasa sakit tidak akan menguasai hidup Anda lagi.

Anda tidak memaafkan apa yang terjadi. Anda **membebaskan** diri untuk melangkah maju.

Pertanyaan Refleksi:

1. Siapakah yang perlu Anda maafkan agar Anda bisa sembuh?
2. Apa yang menghalangi Anda untuk melepaskannya sepenuhnya?

Deklarasi Doa:

Tuhan, aku memilih untuk memaafkan—bukan karena mereka pantas menerimanya, tetapi karena aku menginginkan kesembuhan. Bebaskan aku dari kepahitan, dan ajari aku untuk mencintai lagi. Dalam nama Yesus, amin.

Petunjuk Jurnal:

Tulislah surat permintaan maaf. Bersikaplah jujur. Kemudian doakan dan serahkan orang itu ke tangan Tuhan.

Catatan:

HARI KE-11: Menulis Ulang Narasi

Ayat Alkitab (NLT):

"Ini berarti bahwa setiap orang yang menjadi milik Kristus telah menjadi manusia baru: hidup yang lama sudah berlalu, tetapi hidup yang baru sudah dimulai!"
– 2 Korintus 5:17

Kisah Michael:

Michael selalu melihat dirinya sebagai sosok yang hancur, cacat, dan tidak layak. Namun, saat ia mempelajari Firman Tuhan, ia mulai menulis kisah baru tentang dirinya—kisah yang berdasarkan kebenaran, bukan trauma.

Kisah Grace:

Grace tumbuh dengan orang-orang yang mengatakan bahwa dirinya "terlalu emosional," "terlalu berlebihan." Selama bertahun-tahun, ia mencoba mengecilkan dirinya sendiri. Namun, Tuhan berbisik, *"Engkau tepat di hadapan-Ku."*

Wawasan Devosional:

Penolakan memberikan label palsu: *tidak layak dikasihi, tidak layak, rusak.* Namun, saat Anda menerima Kristus, Anda diberi **identitas baru** . Firman Tuhan menjadi naskah baru Anda.

Anda bukanlah apa yang orang lain lakukan kepada Anda. Anda bukanlah apa yang mereka katakan tentang Anda. Anda adalah **mahakarya Tuhan yang sedang dalam proses.**

Pertanyaan Refleksi:

1. Nama atau label palsu apa yang Anda yakini tentang diri Anda?
2. Apa yang Tuhan katakan tentang siapa Anda sesungguhnya?

Deklarasi Doa:

Tuhan, aku menyerahkan kebohongan yang selama ini kujalani. Aku menerima nama baruku, identitas baruku, kehidupan baruku di dalam-Mu. Bantulah aku untuk hidup sebagai pribadi yang Engkau ciptakan. Amin.

Petunjuk Jurnal:

Tuliskan tiga keyakinan salah yang Anda yakini tentang diri Anda. Lalu tuliskan ayat suci atau kebenaran untuk melawan masing-masing keyakinan tersebut.

Catatan:

HARI KE-12: Anda Tidak Sendirian

Kitab Suci (AMP):

"Karena Allah sendiri telah berfirman: "Aku sekali-kali tidak akan membiarkan engkau, Aku sekali-kali tidak akan membiarkan engkau, dan Aku sekali-kali tidak akan membiarkan engkau hidup tanpa pertolongan…"
– Ibrani 13:5b

Kisah Michael:

Michael mengira ia harus berjuang sendirian dalam setiap pertempuran. Namun, perlahan-lahan ia mulai merasakan kehadiran Tuhan dalam saat-saat yang tenang—tak pernah meninggalkan, tak pernah meninggalkan.

Kisah Grace:

Grace dulunya menangis sendirian dalam kegelapan, mengira tidak ada yang melihat. Suatu malam ia membaca ayat ini dan menyadari: *"Tuhan selalu ada. Aku hanya tidak pernah menyadarinya."*

Wawasan Devosional:

Kesepian adalah salah satu kebohongan penolakan yang paling keras. Namun kenyataannya adalah **Tuhan bersamamu** —dalam keheningan, dalam kepedihan, dalam ketidakpastian.

Dia adalah Emmanuel, *Tuhan beserta kita* , bukan hanya di saat-saat baik, tetapi juga di setiap tempat yang rusak.

Pertanyaan Refleksi:

1. Pernahkah Anda percaya bahwa Anda benar-benar sendirian?
2. Dengan cara apa Anda dapat lebih menyadari kehadiran Tuhan bersama Anda?

Deklarasi Doa:

Tuhan, terima kasih karena Engkau tidak pernah meninggalkanku. Bahkan saat aku merasa sendirian, Engkau selalu ada. Bukalah mataku untuk melihat-Mu di setiap musim. Amin.

Petunjuk Jurnal:

Renungkanlah saat Anda merasa sendirian, tetapi setelah dipikir-pikir, sadarilah bahwa Tuhan hadir.

Jelaskan kenangan itu dan apa yang diajarkannya kepada Anda.

Catatan:

HARI KE-13: Dicintai Tanpa Syarat

Ayat Alkitab (NLT):

"Akan tetapi, Allah menunjukkan kasih-Nya yang besar kepada kita, dengan mengutus Kristus untuk mati bagi kita, ketika kita masih berdosa." – Roma 5:8

Kisah Michael:

Michael selalu merasa bahwa ia harus mendapatkan cinta—melalui penampilan, kesempurnaan, dan kepura-puraan. Ketika ia gagal, ia menduga akan ditolak. Namun, cinta Tuhan tidak pernah goyah.

Kisah Grace:

Grace mencoba memperbaiki dirinya sebelum datang kepada Tuhan. Lalu suatu hari ia menyadari, *"Dia sudah mencintaiku...sebelum aku berhasil."*

Wawasan Devosional:

Kasih Tuhan tidak didasarkan pada kesempurnaan Anda—kasih itu berlandaskan pada **kasih karunia -**

Nya . Anda dicintai pada hari terburuk Anda sama seperti pada hari terbaik Anda.

Tidak ada yang dapat Anda lakukan untuk membuat Tuhan lebih mengasihi Anda—dan tidak ada hal yang telah Anda lakukan yang dapat membuat Dia kurang mengasihi Anda.

Pertanyaan Refleksi:

1. Dengan cara apa saja Anda mencoba untuk "memperoleh" cinta—dari orang lain atau dari Tuhan?
2. Bisakah Anda menerima cinta bahkan saat Anda merasa tidak layak?

Deklarasi Doa:

Bapa, aku berterima kasih karena Engkau mengasihiku tanpa syarat. Bantulah aku untuk berhenti berjuang dan mulai beristirahat dalam kasih-Mu yang sempurna. Aku menerimanya hari ini dengan hati yang terbuka. Amin.

Petunjuk Jurnal:

Tulislah sepucuk surat dari Tuhan kepadamu yang dimulai dengan, *"Aku mencintaimu karena..."* Biarkan mengalir dengan kejujuran dan keanggunan.

Catatan:

HARI KE-14: Berakar, Bukan Ditolak

Ayat Alkitab (NLT):

"Biarlah akarmu bertumbuh di dalam Dia, dan biarlah hidupmu dibangun di atas Dia." – Kolose 2:7a

Kisah Michael:

Michael sering mendasarkan identitasnya pada pendapat orang lain—baik atau buruk. Namun, ketika ia mengakar dalam Kristus, ia menemukan keteguhan yang tidak pernah ia ketahui sebelumnya.

Kisah Grace:

Grace dulunya bisa berubah tergantung pada siapa yang ada di sekitarnya. Namun, ia mulai tumbuh ketika ia bertanya pada dirinya sendiri, *"Siapakah aku jika hanya ada aku dan Tuhan?"*

Wawasan Devosional:

Bila identitas Anda berakar pada penolakan, hidup terasa tidak stabil. Namun, bila Anda menambatkan nilai Anda di dalam Kristus, badai akan datang—tetapi badai itu tidak mengguncang Anda.

Biarkan akarmu tumbuh dalam kasih dan kebenaran Tuhan. Di sanalah kamu akan menemukan **keamanan** dan **kekuatan** .

Pertanyaan Refleksi:

1. Di mana Anda menanamkan identitas Anda—Firman Tuhan atau persetujuan orang lain?
2. Praktik apa yang dapat membantu Anda tetap berakar di dalam Kristus?

Deklarasi Doa:

Tuhan, tanamkanlah aku dalam-Mu. Aku menolak tanah dangkal yang hanya menyenangkan orang lain dan membandingkannya. Biarkan akarku tumbuh kuat dalam kebenaran-Mu. Amin.

Petunjuk Jurnal:

Buatlah daftar "kebenaran mendasar"—ayat suci atau penegasan dasar yang mengingatkan Anda tentang siapa Anda di dalam Kristus.

Catatan:

HARI KE-15: Dari Bekas Luka Menjadi Cerita

Ayat Alkitab (NLT):

"Kamu telah mereka-rekakan yang jahat terhadap aku, tetapi Allah telah mereka-rekakannya untuk kebaikan. Ia telah menempatkan aku dalam posisi ini, supaya aku dapat menyelamatkan nyawa banyak orang." – Kejadian 50:20

Kisah Michael:

Luka terbesar Michael menjadi pesan terbesarnya. Sekarang ia membantu orang lain sembuh dari luka ayahnya, mengingatkan mereka, *"Jika Tuhan dapat menyembuhkanku, Dia dapat menyembuhkanmu."*

Kisah Grace:

Grace memulai blog tentang penyembuhan dari pengkhianatan. Apa yang dulu membuatnya terdiam kini memberinya suara. Bekas lukanya menjadi penunjuk jalan bagi orang lain untuk berharap.

Wawasan Devosional:

Bekas luka Anda bukanlah sesuatu yang memalukan—bekas luka adalah **bukti bahwa Anda masih bisa bertahan hidup** . Tuhan tidak menyia-nyiakan rasa sakit. Dia mengubahnya. Kesembuhan Anda menjadi mercusuar bagi orang lain.

Anda tidak hanya dipulihkan untuk Anda sendiri—melainkan untuk semua orang yang tersentuh oleh kisah Anda.

Pertanyaan Refleksi:

1. Pengalaman menyakitkan apa yang mungkin ingin Tuhan gunakan untuk menolong orang lain?
2. Bersediakah Anda membiarkan Dia mengubah bekas luka Anda menjadi kisah penebusan?

Deklarasi Doa:

Tuhan, terima kasih karena Engkau telah menggunakan rasa sakitku. Aku mempersembahkan luka-lukaku kepada-Mu—tebuslah luka-lukaku untuk kemuliaan-Mu. Jadikanlah kesembuhanku sebagai terang bagi orang lain. Amin.

Petunjuk Jurnal:

Tuliskan kesaksian Anda dalam satu halaman—bagaimana kehidupan Anda sebelumnya, apa yang terjadi, dan bagaimana Tuhan menyembuhkan Anda sekarang.

Catatan:

HARI KE-16: Penyembuhan Melalui Pengampunan

Kitab Suci (AMP):

"Hendaklah kamu ramah seorang terhadap yang lain, penuh kasih sayang, pengertian dan saling mengampuni, sebagaimana Allah di dalam Kristus telah mengampuni kamu." – Efesus 4:32

Kisah Michael:

Michael memendam kemarahan terhadap ibunya selama bertahun-tahun. Namun, ia menyadari bahwa sikap tidak mau memaafkan meracuni masa depannya. Melepaskan ibunya tidak mengubah masa lalu—tetapi menyembuhkan hatinya.

Kisah Grace:

Grace memaafkan seseorang yang tidak pernah meminta maaf. Ia belajar bahwa memaafkan bukan untuk kebebasan mereka—melainkan untuk kebebasannya.

Wawasan Devosional:

Ketidakmampuan memaafkan adalah beban yang membuat penolakan terus mengakar. Namun, saat Anda memaafkan, Anda memutuskan rantai yang mengikat Anda dengan masa lalu.

Memaafkan bukan berarti berkata, *"Tidak apa-apa ."* Memaafkan berarti berkata, *"Aku melepaskanmu agar aku bisa bebas."*

Pertanyaan Refleksi:

1. Apakah ada seseorang yang sulit Anda maafkan? Mengapa?
2. Bagaimana jadinya hatimu tanpa beban itu?

Deklarasi Doa:

Tuhan, aku memilih untuk memaafkan. Aku melepaskan rasa sakit, amarah, dan keinginan untuk membalas dendam. Aku percaya Engkau akan memberikan keadilan dan penyembuhan. Bebaskan aku, dalam nama Yesus. Amin.

Petunjuk Jurnal:

Tulislah surat permintaan maaf (Anda tidak perlu

mengirimkannya). Curahkan isi hati Anda dan lepaskan apa yang telah membelenggu Anda.

Catatan:

HARI KE-17: Merangkul Kasih Bapa

Ayat Alkitab (NLT):

"Lihatlah, betapa besar kasih Bapa kita kepada kita, sehingga Ia menyebut kita anak-anak-Nya, dan memang kita adalah anak-anak-Nya." – 1 Yohanes 3:1a

Kisah Michael:

Michael memiliki ayah duniawi yang jauh, jadi ia berasumsi bahwa Tuhan adalah Tuhan yang sama. Namun seiring berjalannya waktu, ia menemukan Bapa Surgawi yang tinggal, mendengarkan, dan mengasihi.

Kisah Grace:

Grace tidak pernah mengenal ayahnya. Namun suatu pagi saat beribadah, ia merasakan lengan melingkarinya—meskipun tidak ada seorang pun di sana. Ia tahu: *"Itu Abba, Ayah."*

Wawasan Devosional:

Kasih Bapa mendefinisikan ulang penolakan. Di saat orang lain menjauh, Tuhan tetap ada. Di saat orang lain mengabaikanmu, Tuhan memilihmu.

Kamu bukan anak yatim piatu. Kamu **diadopsi, diterima, dan dipuja** .

Pertanyaan Refleksi:

1. Bagaimana pandangan Anda tentang Tuhan Bapa? Apakah itu mencerminkan kebenaran—atau luka masa lalu?
2. Bagaimana hidup Anda akan berubah jika Anda hidup seperti anak yang dicintai?

Deklarasi Doa:

Abba, Bapa, bantulah aku menerima kasih-Mu—bukan sebagai sebuah ide, tetapi sebagai kenyataan. Sembuhkanlah gambaran-Mu dalam diriku. Biarkan aku beristirahat dalam pelukan-Mu. Amin,

Petunjuk Jurnal:

Tulislah entri jurnal seolah-olah Tuhan adalah Bapa Anda yang sempurna yang berbicara langsung kepada Anda.

Catatan:

HARI KE-18: Mengembalikan Harga Diri

Ayat Alkitab (NLT):

"Terima kasih telah membuatku begitu rumit! Sungguh ajaib pekerjaan-Mu, betapa aku mengetahuinya." – Mazmur 139:14

Kisah Michael:

Michael tidak pernah merasa "cukup." Namun, ketika ia mempelajari bagaimana Tuhan menciptakannya dengan sengaja, ia berhenti berusaha menjadi orang lain dan menerima dirinya sendiri.

Kisah Grace:

Grace menatap cermin dan berkata, *"Aku bukan kesalahanku."* Momen itu menjadi awal perjalanannya untuk kembali menghargai diri sendiri.

Wawasan Devosional:

Penolakan merusak cara Anda memandang diri sendiri. Namun, kebenaran Tuhan membangun kembali nilai Anda. Anda tidak bisa dibuang. Anda **luar biasa, penuh tujuan, dan berharga** .

Pertanyaan Refleksi:

1. Kebohongan apa yang Anda yakini tentang harga diri Anda?
2. Apa yang Mazmur 139 ungkapkan tentang bagaimana Tuhan melihat Anda?

Deklarasi Doa:

Ya Tuhan, pulihkan harga diriku. Ajari aku untuk mencintai apa yang telah Kau ciptakan—aku. Diamkan suara malu, dan biarkan aku mendengar kesenangan-Mu sebagai gantinya. Amin.

Petunjuk Jurnal:

Buatlah daftar 5 hal yang kamu cintai (atau ingin cintai) tentang dirimu—tubuh, pikiran, jiwa, atau ruh.

Catatan:

HARI KE-19: Membangun Batasan yang Sehat

Kitab Suci (AMP):

"Jagalah hatimu dengan segala kewaspadaan, karena dari situlah terpancar kehidupan." – Amsal 4:23

Kisah Michael:

Michael selalu berkata "ya" untuk menghindari penolakan. Namun, ia akhirnya merasa lelah, getir, dan kelelahan. Belajar mengatakan "tidak" adalah hal yang paling penuh kasih yang pernah dilakukannya.

Kisah Grace:

Grace membiarkan orang-orang memperlakukannya seenaknya—sampai ia menyadari bahwa kebaikan hatinya bukanlah kelemahan, tetapi butuh perlindungan. Ia menetapkan batasan dan menemukan kedamaian.

Wawasan Devosional:

Penyembuhan berarti belajar **menjaga hati Anda** .

Batasan bukanlah tembok yang menghalangi orang lain—batasan adalah gerbang yang melindungi kedamaian Anda dan menghargai harga diri Anda.

Batasan mengatakan: *"Aku mencintaimu dan aku juga mencintai diriku sendiri."*

Pertanyaan Refleksi:

1. Di bagian kehidupan mana Anda membutuhkan batasan yang lebih baik?
2. Apakah ada hubungan di mana rasa takut ditolak telah membuat Anda mengorbankan kedamaian?

Deklarasi Doa:

Tuhan, bantulah aku menghormati-Mu dengan menghormati diriku sendiri. Ajari aku untuk berkata tidak saat dibutuhkan dan ya saat itu benar. Berikan aku kekuatan untuk menetapkan batasan dengan kasih. Amin.

Petunjuk Jurnal:

Buatlah peta batasan pribadi—apa yang boleh, apa

yang tidak boleh, dan apa yang Anda butuhkan agar merasa aman dan utuh.

Catatan:

HARI KE-20: Berdiri dalam Identitas Baru Anda

Kitab Suci (AMP):

"Jadi siapa yang ada di dalam Kristus, ia adalah ciptaan baru ... " – 2 Korintus 5:17

Kisah Michael:

Michael tidak lagi memperkenalkan dirinya sebagai "pria yang punya masalah." Ia berkata, *"Saya sudah ditebus, dipulihkan, dan sedang menjalankan misi."*

Kisah Grace:

Grace berhenti bermain-main. Ia melangkah ke ruangan dengan kesadaran bahwa ia dipilih—bukan karena siapa dirinya—melainkan karena milik *siapa* ia berada.

Wawasan Devosional:

Penolakan mencoba mendefinisikan identitas Anda. Namun **penebusan menulis ulang identitas Anda** . Anda tidak hancur, ditolak, atau dilupakan.

Anda adalah anak Tuhan—dipulihkan, diperbarui, dan bersinar.

Pertanyaan Refleksi:

1. Bagaimana Anda menggambarkan identitas Anda sekarang?
2. Kebiasaan sehari-hari apa yang membantu Anda berdiri kokoh dalam identitas baru Anda?

Deklarasi Doa:

Yesus, aku melangkah sepenuhnya ke dalam identitas yang telah Kau berikan kepadaku. Aku meninggalkan semua label palsu dan berjalan dengan berani sebagai umat-Mu yang terkasih. Biarkan hidupku mencerminkan kemuliaan-Mu. Amin.

Petunjuk Jurnal:

Nyatakan identitas Anda di dalam Kristus dalam satu paragraf. Ucapkan dengan berani dan simpan di tempat yang dapat Anda baca setiap hari.

Catatan:

HARI KE-21: Mendapatkan Kembali Suara Anda

Ayat Alkitab (NLT):

"Lidah dapat mendatangkan kematian dan kehidupan, tetapi siapa suka berbicara akan menuai akibatnya." – Amsal 18:21

Kisah Michael:

Michael telah membungkam dirinya sendiri untuk menjaga kedamaian. Namun, ia menyadari bahwa suaranya memiliki nilai. Kesaksiannya mulai membebaskan orang lain saat ia mulai berbicara.

Kisah Grace:

Grace selalu membiarkan orang lain berbicara untuknya. Namun, pada hari ia menceritakan kisahnya di depan umum, ia menangis—bukan karena malu, tetapi karena penyembuhan.

Wawasan Devosional:

Penolakan sering kali merampas suara kita. Namun penyembuhan memulihkannya. Kisah Anda penting.

Suara Anda membawa kekuatan dan penyembuhan—untuk diri sendiri dan orang lain.

Anda tidak lagi tidak bersuara. Anda adalah *pembawa pesan harapan* .

Pertanyaan Refleksi:

1. Apakah Anda telah membungkam suara Anda karena takut atau penolakan masa lalu?
2. Pesan apa yang telah Anda peroleh dari perjalanan penyembuhan Anda yang telah mampu Anda bagikan?

Deklarasi Doa:

Bapa, bantulah aku menyampaikan kehidupan. Pulihkan suaraku dan berikan aku keberanian untuk membagikan apa yang telah Engkau lakukan. Biarkan kisahku membawa kebebasan bagi orang lain. Amin.

Petunjuk Jurnal:

Tuliskan versi singkat kesaksian Anda—dari mana Anda berasal dan ke mana Tuhan memimpin Anda.

Catatan:

HARI KE-22: Menebus Kesalahan Masa Lalu

Kitab Suci (AMP):

"Dan kita tahu [dengan keyakinan besar] bahwa Allah turut bekerja dalam segala sesuatu untuk mendatangkan kebaikan…" – Roma 8:28

Kisah Michael:

Michael yakin bahwa masa lalunya telah mendiskualifikasi dirinya. Namun, Tuhan menggunakan kegagalannya sebagai dasar untuk panggilannya.

Kisah Grace:

Grace mengira sejarah hubungannya yang rusak membuatnya tidak berguna. Namun, Tuhan mengubah rasa sakitnya menjadi pelayanan penyembuhan bagi orang lain.

Wawasan Devosional:

Penolakan sering kali membuat kita dihantui penyesalan. Namun, Tuhan tidak menyia-nyiakan apa pun—bahkan kegagalan kita. Dia menebus, memulihkan, dan menulis ulang kisah kita.

Tak ada sesuatu pun yang berada di luar kasih karunia-Nya.

Pertanyaan Refleksi:

1. Kesalahan masa lalu apa yang masih membuat Anda malu?
2. Bagaimana Tuhan ingin menggunakan pengalaman-pengalaman itu untuk kemuliaan-Nya?

Deklarasi Doa:

Tuhan, terima kasih karena tidak ada yang menghalangiku untuk menerima kasih-Mu. Tebuslah masa laluku. Gunakan kisahku untuk kebaikan dan buatlah keindahan dari kehancuranku. Amin.

Petunjuk Jurnal:

Renungkan satu penyesalan dari masa lalu Anda.

Mintalah Tuhan untuk menunjukkan kepada Anda bagaimana Dia menebusnya.

Catatan:

HARI KE-23: Menerima Kedamaian Batin

Ayat Alkitab (NLT):

"Aku meninggalkanmu dengan sebuah hadiah, yaitu kedamaian hati dan pikiran. Dan kedamaian yang Kuberikan itu adalah hadiah yang tidak dapat diberikan oleh dunia..." – Yohanes 14:27

Kisah Michael:

Michael dirundung kecemasan dan keraguan. Namun, di hadirat Tuhan, ia menemukan ketenangan yang menguatkannya.

Kisah Grace:

Grace dulunya selalu sibuk agar tidak diam. Namun, saat ia akhirnya melambat, kedamaian pun menghampirinya.

Wawasan Devosional:

Penolakan menciptakan kekacauan batin—tetapi

Yesus memberikan kedamaian batin. Kedamaian bukanlah ketiadaan konflik—melainkan kehadiran Kristus.

Anda aman di dalam Dia.

Pertanyaan Refleksi:

1. Apa yang paling sering mencuri kedamaian Anda?
2. Apa yang dapat Anda lakukan untuk menciptakan ruang untuk menerima kedamaian Tuhan setiap hari?

Deklarasi Doa:

Yesus, jadilah damaiku. Tenangkan setiap badai dalam diriku. Biarkan ketenangan-Mu menjadi atmosferku. Aku menerima kedamaian yang hanya dapat Engkau berikan. Amin.

Petunjuk Jurnal:

Jelaskan momen minggu ini saat Anda merasa damai. Apa yang menyebabkan momen itu?

Catatan:

HARI KE-24: Membangun Komunitas yang Mendukung

Kitab Suci (AMP):

"Berdua lebih baik daripada seorang diri… Karena jika seorang jatuh, yang seorang mengangkat temannya." – Pengkhotbah 4:9–10a

Kisah Michael:

Michael mencoba menyembuhkan dirinya sendiri, tetapi ia mengalami kebuntuan. Ketika ia bergabung dengan kelompok pria, ia menemukan kekuatan dalam perjuangan bersama.

Kisah Grace:

Grace memiliki masalah kepercayaan. Namun, sedikit demi sedikit, ia mulai membuka diri terhadap sekelompok wanita yang menjadi penyelamatnya.

Wawasan Devosional:

Penolakan mengisolasi, tetapi pemulihan terjadi

dalam komunitas. Anda tidak diciptakan untuk menjalani hidup sendirian.

Hubungan yang aman dan mendukung adalah bagian dari rencana penyembuhan Tuhan untuk Anda.

Pertanyaan Refleksi:

1. Apakah Anda memiliki orang-orang yang mengangkat Anda secara spiritual dan emosional?
2. Langkah apa yang dapat Anda ambil untuk membangun hubungan yang saleh?

Deklarasi Doa:

Tuhan, tuntunlah aku kepada orang-orang yang tepat. Bantulah aku menemukan dan memelihara komunitas yang mencerminkan hati-Mu. Sembuhkanlah rasa takutku akan kedekatan. Amin.

Petunjuk Jurnal:

Cantumkan orang-orang yang mendukung perjalanan penyembuhan Anda. Tuliskan hal-hal yang Anda syukuri dari mereka—atau tuliskan doa untuk hubungan di masa mendatang.

Catatan:

HARI KE-25: Mendeklarasikan Perang terhadap Rasa Malu

Ayat Alkitab (NLT):

"Demikianlah sekarang tidak ada lagi penghukuman bagi mereka yang ada di dalam Kristus Yesus." – Roma 8:1

Kisah Michael:

Masa lalu Michael menghantuinya hingga suatu hari ia berteriak, *"Aku bukanlah diriku yang dulu—aku adalah diriku yang Dia katakan!"* Rasa malu menghancurkan hidupnya saat itu.

Kisah Grace:

Grace menanggung rasa malu seperti kulit kedua—sampai dia berdiri di depan cermin dan berkata, *"Aku memaafkan diriku sendiri."* Untuk pertama kalinya, dia merasa bebas.

Wawasan Devosional:

Rasa malu berkata, *"Kamu tidak layak."* Namun Yesus berkata, *"Kamu diampuni, dikasihi, dan diperbarui."*

Anda tidak perlu lagi hidup dalam rasa malu. Salib adalah kata terakhir.

Pertanyaan Refleksi:

1. Area mana dalam hidup Anda yang masih terbebani oleh rasa malu?
2. Kebenaran apakah yang dinyatakan Roma 8:1 tentang Anda?

Deklarasi Doa:

Yesus, aku menolak rasa malu. Aku menerima pengampunan dan kasih karunia-Mu. Aku tidak dihukum—aku bersih, terpilih, dan sempurna di dalam-Mu. Amin.

Petunjuk Jurnal:

Tulislah surat untuk dirimu di masa lalu—penuh cinta, keanggunan, dan peneguhan.

Catatan:

HARI KE-26: Merangkul Identitas Sejati Anda

Kitab Suci (AMP):

"Tetapi kamulah bangsa yang terpilih, imamat yang rajani, bangsa yang dikuduskan, umat kepunyaan Allah sendiri…" – 1 Petrus 2:9

Kisah Michael:

Michael telah menyandang banyak label—kegagalan, kekecewaan, kesalahan. Namun di dalam Kristus, ia menemukan bahwa ia adalah bangsawan, bukan sampah.

Kisah Grace:

Grace hidup di bawah label yang diberikan orang lain padanya. Namun, ketika ia menerima identitasnya sebagai putri Tuhan, raut wajahnya berubah.

Wawasan Devosional:

Penolakan mencoba menamai kita—tetapi Tuhan sudah melakukannya. Dia menyebut kita *orang pilihan, orang terkasih, orang yang utuh, milik-Nya.*

Kamu bukan masa lalumu. Kamu bukan seperti yang mereka katakan.

Kamu adalah siapa *yang Dia* katakan.

Pertanyaan Refleksi:

1. Label negatif apa yang Anda terima tentang diri Anda?
2. Apa yang Tuhan katakan tentang identitas Anda?

Deklarasi Doa:

Bapa, aku menolak setiap identitas palsu. Aku menerima siapa yang Engkau katakan tentang diriku—dikasihi, dipilih, dan berharga. Biarkan identitasku berakar di dalam-Mu. Amin.

Petunjuk Jurnal:

Tulislah sebuah pernyataan tentang siapa Anda di dalam Kristus. Ucapkanlah dengan lantang setiap pagi.

Catatan:

HARI KE-27: Berjalan dalam Pengampunan

Ayat Alkitab (NLT):

"Saling memaafkan kesalahan orang lain... Ingatlah, Tuhan telah mengampuni kamu, jadi kamu pun harus mengampuni orang lain." – Kolose 3:13

Kisah Michael:

Michael menyimpan kepahitan terhadap ayahnya. Namun, saat ia melepaskannya dalam pengampunan, penyembuhan dalam hidupnya sendiri pun semakin cepat.

Kisah Grace:

Grace menulis surat kepada ibunya yang tidak pernah menyetujuinya. Meskipun ia tidak pernah mengirimkannya, rasa maaf membanjiri hatinya.

Wawasan Devosional:

Pengampunan bukan berarti memaafkan luka—melainkan memilih kebebasan daripada ikatan. Anda tidak dapat berjalan dalam pemulihan sambil memikul rantai kepahitan.

Pengampunan adalah untuk *Anda* .

Pertanyaan Refleksi:

1. Siapakah yang masih perlu Anda maafkan—dengan tulus?
2. Apa yang menghalangi Anda untuk melepaskannya?

Deklarasi Doa:

Tuhan, aku memilih untuk memaafkan. Aku melepaskan rasa sakit dan orang itu. Sembuhkan lukaku saat aku menaati-Mu. Berikan aku rahmat untuk berjalan dalam kebebasan. Amin.

Petunjuk Jurnal:

Tuliskan doa pengampunan kepada seseorang yang telah menyakiti Anda begitu dalam.

Catatan:

HARI KE-28: Mengejar Tujuan dengan Keberanian

Ayat Alkitab (NLT):

"Karena kita ini buatan Allah, yang diciptakan baru dalam Kristus Yesus, supaya kita melakukan pekerjaan baik, sesuai dengan rencana-Nya..." – Efesus 2:10

Kisah Michael:

Michael tidak pernah menyangka Tuhan akan menggunakan dia. Namun sekarang, dia membimbing anak-anak muda dari keluarga yang berantakan—sama seperti dirinya dulu.

Kisah Grace:

Grace meluncurkan kelompok pendukung bagi para wanita yang berjuang melawan rasa tidak aman. Rasa sakitnya menjadi wadahnya.

Wawasan Devosional:

Tuhan tidak hanya menyembuhkan kita *untuk kita* . Dia menyembuhkan kita agar kita dapat membantu menyembuhkan orang lain. Pemulihan Anda terhubung dengan pemulihan orang lain.

Anda *diurapi untuk memberi dampak.*

Pertanyaan Refleksi:

1. Gairah apa yang muncul dari rasa sakit Anda?
2. Bagaimana Anda dapat mulai melayani orang lain melalui cerita Anda?

Deklarasi Doa:

Bapa, gunakanlah perjalananku untuk kemuliaan-Mu. Tunjukkanlah kepadaku siapa yang harus kulayani dan bagaimana caranya. Biarkan hidupku bersinar dengan tujuan. Amin.

Petunjuk Jurnal:

Sebutkan tiga cara masa lalu Anda dapat membantu orang lain saat ini. Apa yang akan Anda lakukan minggu ini untuk mewujudkannya?

Catatan:

HARI KE-29: Hidup Sempurna Tanpa Goyah

Kitab Suci (AMP):

"Engkau akan menjaganya dan memeliharanya dalam damai sejahtera yang sempurna dan terus-menerus, yaitu orang yang pikirannya tertuju kepada-Mu…" – Yesaya 26:3

Kisah Michael:

Michael dulunya panik saat ditolak. Sekarang, penolakan itu tidak lagi berlaku padanya—identitasnya terlalu kuat untuk diubah.

Kisah Grace:

Kasih karunia tidak lagi dipicu oleh pengabaian. Ia tahu bahwa ia aman di dalam Tuhan, dan bahwa kedamaian tidak dapat dicuri.

Wawasan Devosional:

Kesempurnaan bukanlah kesempurnaan. Itu adalah

kedamaian di tengah badai. Bila Anda berakar di dalam Kristus, penolakan mungkin akan menghantam—tetapi itu tidak akan mencabut Anda.

Kamu utuh. Kamu tak tergoyahkan.

Pertanyaan Refleksi:

1. Situasi apa yang dulu mengguncang Anda, tetapi tidak lagi?
2. Apa yang menjadi jangkar Anda saat kehidupan menjadi tidak stabil?

Deklarasi Doa:

Tuhan, aku menerima keutuhan-Mu. Semoga kedamaian-Mu menjaga hati dan pikiranku. Jadikan aku tak tergoyahkan di dalam-Mu. Amin.

Petunjuk Jurnal:

Tulis tentang bagaimana Anda berubah sejak Hari 1 perjalanan ini.

Catatan:

HARI KE-30: Ditugaskan untuk Menyembuhkan Orang Lain

Ayat Alkitab (NLT):

"Ia menghibur kami dalam segala penderitaan kami, sehingga kami sanggup menghibur orang lain…" – 2 Korintus 1:4

Kisah Michael:

Michael tidak pernah membayangkan menjadi seorang pemimpin. Namun kini ia bepergian untuk membagikan bagaimana Tuhan menyembuhkan hati seperti hatinya.

Kisah Grace:

Grace memimpin retret bagi para wanita yang sedang dalam proses penyembuhan dari trauma. Bekas lukanya menjadi panggilan sucinya.

Wawasan Devosional:

Ini bukanlah akhir—ini adalah awal. Perjalanan

pemulihan Anda sekarang adalah *pelayanan Anda* . Anda telah *dipanggil* , *diperlengkapi* , dan *diutus* .

Anda adalah wadah penyembuhan.

Pertanyaan Refleksi:

1. Siapa yang perlu mendengar cerita Anda saat ini?
2. Apa yang akan Anda lakukan dengan kesembuhan yang Anda terima?

Deklarasi Doa:

Bapa, terima kasih telah memulihkanku. Aku menerima panggilan-Mu. Jadikanlah aku terang dan bejana harapan bagi orang lain yang masih dalam kegelapan. Amin.

Petunjuk Jurnal:

Tulislah "surat perintah" dari Tuhan. Apa yang Dia panggil untuk Anda lakukan mulai dari sini?

Catatan:

Kesimpulan: Dari Pemulihan ke Tujuan

Anda telah menempuh perjalanan panjang. Tiga puluh hari yang lalu, Anda memulai perjalanan ini sambil menanggung beban penolakan—beberapa luka masih segar, yang lain terkubur dalam-dalam di bawah keheningan selama bertahun-tahun. Namun, hari demi hari, kebenaran demi kebenaran, Anda telah menghadapi rasa sakit, membuka hati Anda, dan mengundang Tuhan untuk menyembuhkan apa yang telah rusak.

Sekarang, sesuatu telah berubah. Anda tidak lagi didefinisikan oleh penolakan—Anda ditandai oleh **penebusan** .

Anda **dicintai** —bukan karena apa yang telah Anda lakukan, tetapi karena siapa Anda di dalam Kristus.
Anda **dipilih** —dipilih langsung oleh Tuhan untuk saat seperti ini.
Anda **utuh** —dipulihkan dari dalam, tidak lagi menjadi tawanan masa lalu Anda.

Namun ini bukanlah akhir— **ini adalah awal baru Anda.**

Saat Anda melangkah ke musim berikutnya dalam hidup Anda, semoga Anda berjalan dengan keyakinan baru, kejernihan rohani, dan kedamaian yang tak tergoyahkan. Biarkan bekas luka Anda menjadi kesaksian Anda. Biarkan rasa sakit Anda memicu tujuan Anda. Biarkan Tuhan yang sama yang menyembuhkan Anda sekarang menggunakan Anda sebagai alat penyembuhan bagi orang lain.

Anda telah disembuhkan untuk menjadi seorang penyembuh.

Teruslah dalam Firman. Tetaplah dalam komunitas. Hadapi panggilan Anda. Masih ada kehidupan yang menanti di sisi lain dari ketaatan Anda. Anda telah merasakan pemulihan—sekarang jalani hidup di dalamnya, bertumbuhlah di dalamnya, dan bagikan dengan dunia.

Dari penolakan hingga pemulihan. Dari hancur menjadi utuh. Dari bertahan hidup hingga berkembang.
Inilah kisah Anda sekarang.

Dengan sepenuh hati,
Zacharias Godseagle ; Duta Besar Senin O. Ogbe & Comfort Ladi Pelayanan Elang Tuhan Ogbe – GEM
www.otakada.org

Dicintai, Dipilih dan Utuh: Perjalanan 30 Hari dari Penolakan hingga Pemulihan

CARA TERLAHIR KEMBALI OLEH BILLY GRAHAM

Cara Dilahirkan Kembali

Oleh Billy Graham

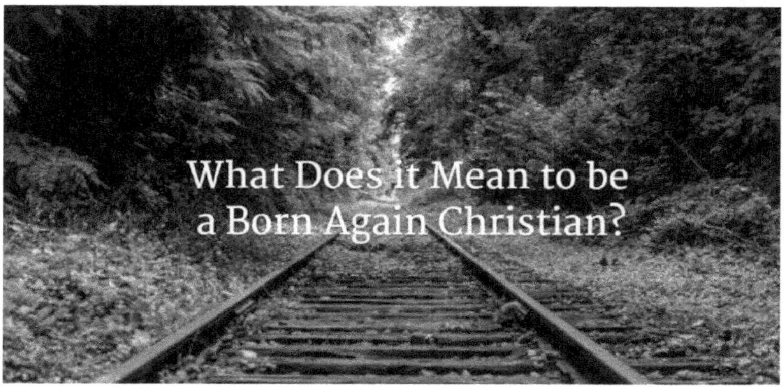

Seorang pria bernama Nikodemus datang kepada Yesus pada malam hari. Mungkin ia takut dikritik atau ia ingin berbicara secara pribadi, atau mungkin ia ingin tahu lebih banyak sebelum menyerahkan dirinya kepada Yesus Kristus. Apa pun yang terjadi, ia datang dan mengajukan beberapa pertanyaan kepada Yesus.

Yesus memandangnya dan berkata, "Nikodemus, kamu harus dilahirkan kembali" (lih. Yohanes 3:5). Bahkan, Ia berkata, "Sesungguhnya, sesungguhnya"—dan setiap kali Yesus menggunakan ungkapan itu, Ia bermaksud bahwa apa yang akan terjadi selanjutnya sangatlah penting. Ia berkata, "Sesungguhnya, sesungguhnya, Aku berkata kepadamu ... kamu harus dilahirkan kembali" (Yohanes 3:5, 7).

Apakah Anda telah dilahirkan kembali? **Sebut saja pertobatan, sebut saja komitmen, sebut saja pertobatan** , sebut saja diselamatkan, tetapi apakah itu terjadi pada Anda? Apakah Kristus tinggal di hati Anda? Apakah Anda mengetahuinya? Banyak orang telah lama berpikir tentang agama dan Kekristenan, tetapi belum pernah membuat komitmen. Apakah Anda berkomitmen kepada Yesus Kristus?

Nikodemus pasti tercengang ketika Yesus berkata, "Kamu harus dilahirkan kembali." Tidak akan mengejutkan jika Kristus mengatakan hal itu kepada Zakheus sang pemungut cukai atau kepada pencuri yang disalib atau kepada wanita yang tertangkap berzina. Namun, Nikodemus adalah salah satu pemimpin agama besar pada masanya. Namun, ia mencari kenyataan.

Anda mungkin pergi ke gereja, tetapi mungkin Anda masih mencari. Ada tempat kosong di hati Anda, dan ada sesuatu di dalam diri Anda yang memberi tahu Anda bahwa Anda tidak benar-benar benar di hadapan Tuhan. Nikodemus berpuasa dua hari seminggu. Ia menghabiskan dua jam setiap hari untuk berdoa. Ia membayar persepuluhan. Mengapa Yesus berkata bahwa Nikodemus harus dilahirkan kembali? Karena Ia dapat membaca hati Nikodemus. Yesus melihat bahwa Nikodemus telah menutupi dirinya dengan agama tetapi belum menemukan persekutuan dengan Tuhan.

Akar Masalah Kita

Apa yang menyebabkan semua masalah kita di dunia—kebohongan, kecurangan, kebencian, prasangka, kesenjangan sosial, dan perang? Yesus berkata, "Tetapi apa yang keluar dari mulut berasal dari hati dan menajiskan orang" (Matius 15:18). Dia berkata masalahnya ada di hati kita; hati kita perlu diubah.

Psikolog, sosiolog, dan psikiater semuanya mengakui bahwa ada sesuatu yang salah dengan manusia. Banyak kata dalam Kitab Suci yang menggambarkannya. Di antaranya adalah kata **pelanggaran** : "Dosa ialah pelanggaran hukum Taurat" (1 Yohanes 3:4). Hukum apa? Hukum Musa, Sepuluh Perintah Allah. Pernahkah Anda melanggar salah satu dari Perintah Allah itu? Kalau begitu, Anda bersalah karena telah melanggar semuanya (Yakobus 2:10).

Kata dosa mengandung gagasan tentang gagal mencapai sasaran, gagal melaksanakan tugas kita, gagal melakukan apa yang seharusnya kita lakukan. Alkitab berkata, "Semua kejahatan adalah dosa" (1 Yohanes 5:17). Namun, sebelum kita dapat masuk surga, kita harus memiliki kebenaran. Allah berkata, "Hendaklah kamu sempurna seperti Aku sempurna, kudus seperti Aku kudus" (Matius 5:48, 1 Petrus 1:16).

Di mana kita akan memperoleh kesempurnaan itu? Kita tidak memilikinya sekarang, tetapi kita tidak dapat masuk surga jika kita tidak memilikinya. Itulah sebabnya Kristus mati di kayu salib; Ia mencurahkan darah-Nya dan bangkit kembali untuk menyediakan kebenaran bagi kita.

Kata lainnya adalah **kejahatan** , yang berarti menyimpang dari jalan yang lurus. Yesaya berkata, “Kita sekalian sesat seperti domba, masing-masing kita mengambil jalannya sendiri, tetapi Tuhan telah menimpakan kepadanya kejahatan kita sekalian” (Yesaya 53:6).

Alkitab berkata, “Karena itu, sama seperti dosa telah masuk ke dalam dunia oleh satu orang , dan oleh dosa itu juga maut ... demikianlah maut itu telah menjalar kepada semua orang, karena semua orang telah berbuat dosa” (Roma 5:12). Setiap orang membutuhkan perubahan yang radikal. Kita perlu diampuni dosa-dosa kita; kita perlu mengenakan kebenaran Allah. Untuk menemukan kepuasan dalam hidup ini, kita perlu menemukan sesuatu untuk kita lakukan. Apakah Anda orang yang berkomitmen? Apa komitmen Anda? Mengapa Anda tidak menjadikan Kristus tujuan Anda dan mengikuti-Nya? Dia tidak akan pernah mengecewakan Anda.

Kelahiran Baru

Beberapa orang bertanya: Apakah kelahiran baru itu? Nikodemus juga menanyakan pertanyaan itu: "Bagaimana mungkin seseorang dilahirkan kembali, kalau ia sudah tua?" Ia ingin memahaminya.

Saya lahir dan dibesarkan di peternakan sapi perah. Bagaimana seekor sapi hitam bisa makan rumput hijau dan menghasilkan susu putih dan mentega kuning? Saya tidak mengerti itu. Saya mungkin berkata, "Karena saya tidak memahaminya, saya tidak akan pernah minum susu lagi." Dan Anda akan berkata, "Anda gila."

Saya tidak memahaminya, tetapi saya menerimanya dengan iman. Nikodemus hanya dapat melihat hal-hal yang bersifat fisik dan material, tetapi Yesus berbicara tentang hal-hal yang bersifat spiritual.

Bagaimana kelahiran baru terjadi? Kita tidak dapat mewarisi kelahiran baru. Alkitab mengatakan bahwa mereka yang dilahirkan kembali "dilahirkan bukan dari darah, bukan pula dari keinginan daging, bukan pula dari keinginan seorang laki-laki, melainkan dari Allah" (Yohanes 1:13). Ayah dan ibu kita mungkin adalah orang Kristen yang dilahirkan kembali yang paling hebat di dunia, tetapi itu tidak menjadikan kita juga orang Kristen yang dilahirkan kembali. Banyak orang memiliki gagasan bahwa karena mereka dilahirkan dalam keluarga Kristen, mereka secara otomatis menjadi orang Kristen. Padahal tidak.

Kita juga tidak dapat berusaha untuk sampai kepada Tuhan. Alkitab mengatakan bahwa keselamatan datang “bukan karena perbuatan baik yang telah kita lakukan, tetapi karena rahmat-Nya, Dia telah menyelamatkan kita melalui permandian kelahiran kembali dan pembaharuan yang dikerjakan oleh Roh Kudus” (Titus 3:5).

Reformasi pun tidak cukup. Kita dapat berkata, "Saya akan memulai lembaran baru," atau "Saya akan membuat resolusi tahun baru." Namun, Yesaya berkata bahwa di hadapan Allah, "segala kesalehan kami seperti kain kotor" (Yesaya 64:6).

Beberapa dari kita telah berubah secara lahiriah untuk menyesuaikan diri dengan standar sosial atau perilaku tertentu yang diharapkan dari kita di gereja-gereja kita, tetapi di dalam diri kita tidak pernah berubah. Itulah yang Yesus bicarakan kepada Nikodemus. Dia berkata, "Nikodemus, kamu perlu berubah di dalam," dan hanya Roh Kudus yang dapat melakukannya. Dilahirkan dari atas adalah tindakan supernatural Allah. Roh Kudus meyakinkan kita akan dosa kita; Dia mengganggu kita karena kita telah berdosa terhadap Allah. Dan kemudian Roh Kudus melahirkan kembali kita. Saat itulah kita dilahirkan kembali. Roh Kudus datang untuk tinggal di hati kita untuk membantu kita dalam kehidupan kita sehari-hari. Roh Allah memberi kita kepastian, memberi kita sukacita, menghasilkan buah dalam hidup kita dan mengajarkan kita Kitab Suci.

Beberapa orang mencoba meniru Kristus. Mereka berpikir bahwa yang harus kita lakukan hanyalah mencoba mengikuti Yesus dan mencoba melakukan hal-hal yang telah Ia lakukan, dan kita akan masuk surga. Namun, kita tidak dapat melakukannya. Kita mungkin tahu lagu-lagu rohani. Kita bahkan mungkin berdoa. Namun, jika kita belum pernah berada di kaki salib, kita belum dilahirkan kembali. Itulah pesan yang Yesus coba ajarkan kepada kita.

Dilahirkan kembali berarti bahwa "[Allah] akan memberikan kepadamu hati yang baru dan menaruh roh yang baru di dalam batinmu" (Yehezkiel 36:26). "Yang lama sudah berlalu, sesungguhnya yang baru sudah datang" (2 Korintus 5:17). Kita adalah "pengambil bagian dalam kodrat ilahi" (2 Petrus 1:4); kita telah "berpindah dari maut ke dalam hidup"

(Yohanes 5:24). Kelahiran baru membawa perubahan dalam filosofi dan cara hidup kita.

Misteri

Ada misteri tentang kelahiran baru. Yesus berkata, "Angin bertiup ke mana ia mau, dan engkau mendengar bunyinya, tetapi tidak tahu dari mana datangnya atau ke mana ia pergi" (Yohanes 3:8). Namun, Anda dapat melihat hasilnya. Yesus tidak mencoba menjelaskan kelahiran baru kepada Nikodemus; pikiran kita yang terbatas tidak dapat memahami yang tak terbatas. Kita datang dengan iman yang sederhana seperti anak kecil, dan kita menaruh iman kita kepada Yesus Kristus. Ketika kita melakukannya, kita dilahirkan kembali.

Apakah Anda yakin akan keselamatan Anda?

Hal ini terjadi seperti ini. Pertama-tama kita harus mendengar Firman Tuhan. “Iman timbul dari pendengaran, dan pendengaran oleh firman Kristus” (Roma 10:17). Itulah langkah pertama. “ Karena Allah berkenan menyelamatkan mereka yang percaya melalui kebodohan pemberitaan Injil” (1 Korintus 1:21). Kedengarannya bodoh bahwa kata-kata dari Alkitab memiliki kuasa untuk menembus hati kita dan mengubah hidup kita, tetapi memang demikian, karena itu adalah firman Tuhan yang kudus.

Kemudian ada pekerjaan Roh Kudus. Dia menegur: “Dan apabila Ia datang, Ia akan menginsafkan dunia akan dosa, kebenaran dan penghakiman” (Yohanes

16:8). Dia mengubah kita. Dia mengubah keinginan kita, kasih sayang kita, tujuan hidup kita, watak kita. Dia memberi kita tujuan dan sasaran baru. “Yang lama sudah berlalu, sesungguhnya yang baru sudah datang” (lih. 2 Korintus 5:17). Kemudian Dia tinggal di dalam kita: “Tidak tahukah kamu, bahwa kamu adalah bait Allah dan bahwa Roh Allah diam di dalam kamu?” Apakah Allah Roh Kudus tinggal di dalam kamu?

Yesus Kristus berkata bahwa kita harus dilahirkan kembali. Bagaimana kita bisa dilahirkan kembali? Dengan bertobat dari dosa. Itu berarti kita bersedia mengubah cara hidup kita. Kita berkata kepada Tuhan, "Saya orang berdosa, dan saya minta maaf." Ucapan itu sederhana dan kekanak-kanakan. Kemudian dengan iman kita menerima Yesus Kristus sebagai Tuhan, Guru, dan Juruselamat kita. Kita bersedia mengikuti-Nya dalam kehidupan baru yang penuh ketaatan, di mana Roh Kudus membantu kita saat kita membaca Alkitab, berdoa, dan bersaksi.

Jika ada keraguan di benak Anda tentang apakah Anda sudah dilahirkan kembali, saya harap Anda akan menyelesaikannya sekarang, karena Alkitab berkata dalam 2 Korintus 6:2, “Sekarang adalah waktu perkenanan itu; … [hari ini] adalah hari keselamatan itu.”

“Saya seorang pendosa, dan saya minta maaf.

Apakah Anda khawatir tentang masa depan? Berjuang dengan masalah pribadi atau spiritual yang menyebabkan kecemasan, ketidakpastian, atau ketakutan tentang hari esok? Telusuri puluhan topik dan pertanyaan dan mulailah perjalanan Anda menuju kehidupan yang lebih damai sekarang juga.

Mencari Jawaban?

Apakah Tuhan sedang mengusik hati Anda? Apakah Anda siap untuk kedamaian sejati dan kekal yang hanya datang melalui hubungan dengan satu-satunya Tuhan yang benar? Ambil langkah maju ke arah-Nya hari ini.

Anda Dapat Memiliki Kedamaian Dengan Tuhan

Apa Itu Kedamaian?

Banyak orang lebih menginginkan satu hal daripada yang lain—kedamaian. Alasan mereka mencarinya adalah karena tidak ada kenyamanan atau kebebasan yang kekal dalam hidup mereka. Rasanya mereka selalu gelisah. Alkitab mendefinisikan kedamaian terutama dalam tiga cara.

Kedamaian psikologis, kenyamanan batin.
Kedamaian hubungan, harmoni antarmanusia.
Kedamaian spiritual, yang ada di antara Tuhan dan manusia.

Alkitab menguraikan bagaimana dosa merusak atau menghapus ketiga jenis kedamaian tersebut. Ketika Tuhan menciptakan manusia, ia berdamai dengan Tuhan, dirinya sendiri, dan semua orang. Namun, kedamaian itu hilang ketika ia berbalik melawan Tuhan. Kedamaian dapat dipulihkan, tetapi kita tidak dapat melakukannya sendiri. Tuhan menyediakan jalan.

Yesus Kristus, Putra tunggal Allah, diutus ke dunia kita untuk menghapus dosa-dosa kita. Ia melakukannya dengan membiarkan diri-Nya disalibkan, dan pengorbanan itulah yang memungkinkan kita untuk memperoleh kedamaian lagi—kedamaian dalam diri kita sendiri, kedamaian dengan sesama, dan kedamaian dengan Allah.

Setelah Yesus mati di kayu salib, Ia bangkit kembali. Hal itu menunjukkan bahwa Yesus adalah Tuhan, tetapi juga memperjelas bahwa Ia menghendaki setiap orang untuk memiliki kedamaian yang sempurna. “Karena Dialah damai sejahtera kita, … Ia datang dan memberitakan damai sejahtera kepada kamu yang “jauh” dan damai sejahtera kepada mereka yang “dekat”” (Efesus 2:14-17).

Yesus memberi kita kuasa untuk mengatasi setiap jenis dosa. Betapa pun sulitnya situasi yang Anda alami, Kristus dapat mengatasinya. Namun, Anda harus terlebih dahulu mengakui dosa Anda dan berkomitmen kepada Yesus, barulah Anda dapat memperoleh kedamaian yang sempurna dan memahami maknanya.

Yesus berkata, “Semuanya itu Kukatakan kepadamu, supaya kamu beroleh damai sejahtera dalam Aku” (Yohanes 16:33). Untuk memperoleh kedamaian, Anda harus mengenal Dia yang dapat memberikannya.

Apakah Anda Siap untuk Kedamaian yang Yesus Tawarkan?

Kontribusi untuk kejelasan lebih lanjut dan memulai hidup baru Anda di dalam Yesus Kristus Di Bawah Ini:

MULAILAH HIDUP BARU ANDA BERSAMA KRISTUS

Anda dapat memperoleh kedamaian sejati dan abadi hari ini melalui hubungan dengan Yesus Kristus. Mulailah perjalanan empat langkah Anda sekarang!

Langkah 1 – Tujuan Tuhan: Kedamaian dan Kehidupan

Tuhan mengasihi Anda dan ingin Anda mengalami kedamaian dan kehidupan kekal—berlimpah dan kekal.
Alkitab berkata:

"Kita berdamai dengan Allah melalui Yesus Kristus, Tuhan kita."
Roma 5:1

"Karena begitu besar kasih Allah akan dunia ini, sehingga Ia telah mengaruniakan Anak-Nya yang tunggal, supaya setiap orang yang percaya kepada-Nya tidak binasa, melainkan beroleh hidup yang kekal."
Yohanes 3:16

"Aku [Yesus] datang supaya mereka memperoleh hidup, dan memperolehnya dalam segala kelimpahan."
Yohanes 10:10

Mengapa kebanyakan orang tidak memperoleh kedamaian dan kehidupan berkelimpahan yang telah direncanakan Tuhan untuk kita miliki?

Langkah 2 – Masalahnya: Dosa Memisahkan Kita

Tuhan menciptakan kita menurut gambar-Nya sendiri untuk memiliki kehidupan yang berkelimpahan. Dia tidak menciptakan kita sebagai robot yang secara otomatis mengasihi dan menaati-Nya. Tuhan memberi kita kemauan dan kebebasan untuk memilih. Kita memilih untuk tidak menaati Tuhan dan mengikuti jalan kita sendiri. Kita masih membuat pilihan ini hingga saat ini. Hal ini mengakibatkan perpisahan dari Tuhan.
Alkitab berkata:

"Karena semua orang telah berbuat dosa dan telah kehilangan kemuliaan Allah."
Roma 3:23

"Karena upah dosa adalah maut, tetapi karunia Allah ialah hidup yang kekal dalam Kristus Yesus, Tuhan kita."
Roma 6:23

Pilihan kita berakibat pada perpisahan dengan Tuhan. Manusia telah mencoba berbagai cara untuk menjembatani jurang antara diri mereka

dan Tuhan...
Alkitab berkata:

"Ada jalan yang disangka lurus, tetapi ujungnya menuju maut."
Amsal 14:12

"Tetapi yang merupakan pemisah antara kamu dan Allahmu ialah segala kejahatanmu, dan yang membuat Dia menyembunyikan diri terhadap kamu, sehingga Ia tidak mendengar, ialah segala dosamu."
Yesaya 59:2

Tak ada jembatan yang mencapai Tuhan... kecuali satu.

Langkah 3 – Obat dari Tuhan: Salib

Yesus Kristus mati di kayu salib dan bangkit dari kubur. Dia membayar hukuman atas dosa kita dan menjembatani jurang antara Tuhan dan manusia. Alkitab berkata:

"Karena Allah itu esa, dan esa pula Dia yang menjadi pengantara antara Allah dan manusia, yaitu manusia Kristus Yesus."
1 Timotius 2:5

"Karena Kristus juga telah menderita sekali untuk dosa-dosa kita, Ia yang benar untuk orang-orang yang tidak benar, supaya Ia dapat membawa kita kepada Allah."
1 Petrus 3:18

"Akan tetapi Allah menunjukkan kasih-Nya kepada kita, oleh karena Kristus telah mati untuk kita, ketika kita masih berdosa."
Roma 5:8

Tuhan telah menyediakan satu-satunya jalan...
Setiap orang harus membuat pilihan...

Langkah 4 – Respon Kita: Menerima Kristus

Kita harus percaya kepada Yesus Kristus sebagai Tuhan dan Juruselamat dan menerima Dia melalui undangan pribadi.
Alkitab berkata:

"Lihat, Aku berdiri di muka pintu dan mengetok; jikalau ada orang yang mendengar suara-Ku dan membukakan pintu, Aku akan masuk mendapatkannya dan Aku makan bersama-sama dengan dia, dan ia bersama-sama dengan Aku."
Wahyu 3:20

"Tetapi semua orang yang menerima-Nya diberi-Nya kuasa supaya menjadi anak-anak Allah, yaitu mereka yang percaya dalam nama-Nya."
Yohanes 1:12

"Jika kamu mengaku dengan mulutmu, bahwa Yesus adalah Tuhan, dan percaya dalam hatimu, bahwa Allah telah membangkitkan Dia dari antara orang mati, maka kamu akan diselamatkan."
Roma 10:9

Maukah Anda menerima Yesus Kristus sekarang juga?

Berikut ini adalah cara Anda dapat menerima Kristus:

Akui kebutuhanmu. (Saya seorang pendosa.)

Bersedialah untuk berpaling dari dosa-dosa Anda (bertobat) dan memohon pengampunan Tuhan. Percayalah bahwa Yesus Kristus mati untuk Anda di kayu salib dan bangkit dari kubur. Melalui doa, undanglah Yesus Kristus untuk datang dan mengendalikan hidup Anda melalui Roh Kudus. (Terimalah Yesus sebagai Tuhan dan Juruselamat) Kami menyarankan doa seperti ini:

"Tuhan yang terkasih, aku tahu aku berdosa. Aku ingin berbalik dari dosa-dosaku, dan aku memohon pengampunan-Mu. Aku percaya bahwa Yesus Kristus adalah Putra-Mu. Aku percaya Dia mati untuk dosa-dosaku dan bahwa Engkau membangkitkan-Nya. Aku ingin Dia masuk ke dalam hatiku dan mengambil alih kendali atas hidupku. Aku ingin mempercayai Yesus sebagai Juruselamatku dan mengikuti-Nya sebagai Tuhanku mulai hari ini dan seterusnya. Dalam Nama Yesus, amin."

Apakah Anda berdoa untuk menerima Yesus Kristus dan memulai hubungan dengan-Nya?

Ya, aku berdoa

Tidak, tapi saya punya pertanyaan

Pindah ke yang berikutnya untuk lebih jelasnya

Kisah Keselamatan – Doa Keselamatan – Doa Keselamatan – Percakapan Pertama Kita yang Nyata dengan Tuhan

"Doa keselamatan" adalah doa terpenting yang pernah kita panjatkan. Saat kita siap menjadi seorang Kristen, kita siap untuk melakukan percakapan pertama kita yang sesungguhnya dengan Tuhan, dan berikut ini adalah komponen-komponennya:

- Kita mengakui bahwa Yesus Kristus adalah Tuhan; bahwa Dia datang ke bumi sebagai manusia untuk menjalani kehidupan tanpa dosa yang tidak dapat kita jalani; bahwa Dia mati menggantikan kita, agar kita tidak perlu membayar hukuman yang seharusnya kita terima.
- Kita mengakui kehidupan masa lalu kita yang penuh dosa — hidup untuk diri kita sendiri dan tidak menaati Tuhan.
- Kami mengakui bahwa kami siap memercayai Yesus Kristus sebagai Juruselamat dan Tuhan kami.

- Kita meminta Yesus untuk datang ke dalam hati kita, tinggal di sana, dan mulai hidup melalui kita.

Doa Keselamatan – Dimulai dengan Iman kepada Tuhan

Ketika kita berdoa memohon keselamatan, kita memberi tahu Tuhan bahwa kita percaya Firman-Nya itu benar. Dengan iman yang telah diberikan-Nya kepada kita, kita memilih untuk percaya kepada-Nya. Alkitab memberi tahu kita bahwa " *tanpa iman tidak mungkin orang berkenan kepada Allah. Sebab barangsiapa berpaling kepada Allah, ia harus percaya bahwa Allah ada, dan bahwa Allah memberi upah kepada orang yang sungguh-sungguh mencari Dia* " (Ibrani 11:6).

Jadi, ketika kita berdoa, memohon kepada Tuhan untuk anugerah keselamatan, kita sedang menjalankan kehendak bebas kita untuk mengakui bahwa kita percaya kepada-Nya. Demonstrasi iman itu menyenangkan Tuhan, karena kita telah dengan bebas memilih untuk mengenal-Nya.

Doa Keselamatan – Mengakui Dosa Kita

Ketika kita berdoa memohon keselamatan, kita mengakui bahwa kita telah berdosa. Seperti yang Alkitab katakan tentang semua orang, kecuali Kristus saja: " *Karena semua orang telah berbuat dosa dan telah kehilangan kemuliaan Allah* " (Roma 3:23).

Berdosa berarti gagal mencapai sasaran, seperti anak panah yang tidak mengenai sasaran. Kemuliaan Allah yang tidak kita dapatkan hanya ditemukan dalam Yesus Kristus: " *Karena Allah, yang telah memerintahkan supaya dari dalam gelap bercahayalah terang. Allah juga telah bercahaya di dalam hati kita, supaya kita beroleh terang dari pengetahuan tentang kemuliaan Allah yang tampak pada wajah Kristus* " (2 Korintus 4:6).

Doa keselamatan mengakui bahwa Yesus Kristus adalah satu-satunya manusia yang pernah hidup tanpa dosa. " *Dia yang tidak mengenal dosa telah dibuat-Nya menjadi dosa karena kita, supaya dalam Dia kita dibenarkan oleh Allah* " (2 Korintus 5:21).

Doa Keselamatan – Mengaku Iman kepada Kristus sebagai Juruselamat dan Tuhan

Dengan Kristus sebagai standar kesempurnaan kita, kita sekarang mengakui iman kepada-Nya sebagai Tuhan, setuju dengan Rasul Yohanes bahwa: " *Pada mulanya adalah Firman (Kristus); Firman itu bersama-sama dengan Allah dan Firman itu adalah Allah. Ia pada mulanya bersama-sama dengan Allah. Segala sesuatu dijadikan oleh Dia dan tanpa Dia tidak ada suatu pun yang telah jadi dari segala yang telah dijadikan* " (Yohanes 1:1-3).

Karena Allah hanya dapat menerima pengorbanan yang sempurna dan tanpa dosa, dan karena Ia tahu bahwa kita tidak mungkin dapat melakukannya, Ia mengutus Anak-Nya untuk mati bagi kita dan membayar harga yang kekal. " *Karena begitu besar kasih Allah akan dunia ini, sehingga Ia telah mengaruniakan Anak-Nya yang tunggal, supaya setiap orang yang percaya kepada-Nya tidak binasa, melainkan beroleh hidup yang kekal* ." (Yohanes 3:16).

Doa Keselamatan – Ucapkan dan Nyatakan Sekarang!

Apakah Anda setuju dengan semua yang telah Anda baca sejauh ini? Jika ya, jangan menunggu lebih lama lagi untuk memulai hidup baru Anda di dalam Yesus Kristus. Ingatlah, doa ini bukanlah rumus ajaib. Anda hanya mengungkapkan isi hati Anda kepada Tuhan. Doakan ini bersama kami:

"Bapa, aku tahu bahwa aku telah melanggar hukum-Mu dan dosa-dosaku telah memisahkan aku dari-Mu. Aku benar-benar minta maaf, dan sekarang aku ingin berpaling dari kehidupanku yang penuh dosa di masa lalu kepada-Mu. Tolong ampuni aku, dan bantulah aku agar tidak berbuat dosa lagi. Aku percaya bahwa putra-Mu, Yesus Kristus, mati untuk dosa-dosaku, bangkit dari kematian, hidup kembali, dan mendengar doaku. Aku mengundang Yesus untuk menjadi Tuhan dalam hidupku, untuk memerintah dan berkuasa

di hatiku mulai hari ini dan seterusnya. Tolong kirimkan Roh Kudus-Mu untuk membantuku menaati-Mu, dan melakukan kehendak-Mu selama sisa hidupku. Dalam nama Yesus aku berdoa, Amin."

Doa Keselamatan – Saya Sudah Mendoakannya; Sekarang Bagaimana?

Jika Anda telah berdoa doa keselamatan ini dengan keyakinan dan hati yang benar, Anda sekarang adalah pengikut Yesus. Ini adalah fakta, terlepas dari apakah Anda merasakan perbedaan atau tidak. Sistem keagamaan mungkin telah membuat Anda percaya bahwa Anda harus merasakan sesuatu – kehangatan, sensasi geli, atau pengalaman mistis lainnya. Faktanya, Anda mungkin merasakannya, atau mungkin tidak. Jika Anda telah berdoa doa keselamatan dan bersungguh-sungguh, Anda sekarang adalah pengikut Yesus. Alkitab memberi tahu kita bahwa keselamatan kekal Anda terjamin! " *Sebab jika kamu mengaku dengan mulutmu, bahwa Yesus adalah Tuhan, dan percaya dalam hatimu, bahwa Allah telah membangkitkan Dia dari antara orang mati, maka kamu akan diselamatkan* " (Roma 10:9).

Selamat datang di keluarga Allah! Kami mendorong Anda sekarang untuk menemukan gereja lokal tempat Anda dapat dibaptis dan bertumbuh dalam pengetahuan tentang Allah melalui Firman-Nya, Alkitab.

Anda juga dapat mengunjungi situs kami di www.otakada.org yang akan membantu Anda berkembang dan bertumbuh dalam Kristus

Gunakan tautan ini dalam studi Alkitab penemuan untuk menemukan Yesus sendiri
https://www.otakada.org/dbs-dmm/

Perjalanan Pemuridan 40 hari

Atau Anda dapat memulai perjalanan 40 hari sesuai kecepatan Anda secara online melalui tautan ini
https://www.otakada.org/get-free-40-days-online-discipleship-course-in-a-journey-with-jesus/

Jika Anda memerlukan panduan, kirim email ke info@otakada.org

Semoga Tuhan memperluas kehidupanmu dan memenuhimu dengan sukacita, kedamaian, cinta dan harmoni yang hanya Dia bisa memberikannya, amin.

Pertanyaan untuk Anda!

Informasi yang dibagikan hari ini, apakah masuk akal bagi Anda? Jika ya, berikan wawasan lebih lanjut. Ke depannya, apa yang akan Anda lakukan secara berbeda? Berkomitmenlah untuk segera memulai!

Jika Anda memiliki pertanyaan lanjutan, jangan ragu untuk membalas, menelepon, atau mengobrol dengan kami karena kami percaya bahwa Roh Tuhan akan memberikan jawaban yang melampaui imajinasi Anda. Kami di sini untuk memperlengkapi Anda agar menjadi seperti yang Tuhan panggil dan lakukan dalam nama Yesus.

Salam!

Zacharias Godseagle ; Duta Besar Senin O. Ogbe dan
Comfort Ladi Bahasa Ogbe
Pelayanan Elang Tuhan GEM
https://www.otakada.org
duta besar@otakada.org

Buku Lain yang Diterbitkan oleh Penulis

Zacharias Dewa Laut

Prayer: The Mightiest Force in World : Mobilizing 10 million Intercessors for the NATIONS Kindle Edition

by Frank C. Laubach (Author), Zacharias Godseagle (Author) Format: **Kindle Edition**

4.7 ★★★★☆ 5 ratings See all formats and editions

About the book - Prayer: The Mightiest Force in World - Mobilizing 10 million Intercessors for the NATIONS

Discover the transformative power of prayer in —***"Prayer: The Mightiest Force in the World - Mobilizing 10 million Intercessors for the NATIONS,"*** a compelling Christian nonfiction work urging readers to mobilize a movement of 10 million intercessors. This book, authored by **Frank C. Laubach and Zacharias Godseagle** emphasizes that prayer is a mighty force capable of changing lives, nations, and the world at large.

It challenges individuals to pray boldly and consistently for leaders, communities, and personal breakthrough, highlighting historical examples and testimonials of prayer's impact. With action plans, reflection questions, and journaling sections for individuals

https://www.amazon.com/Prayer-Mightiest-Mobilizing-million-Intercessors-ebook/dp/B0DYJYVKHT

Duta Besar Senin O. Ogbe

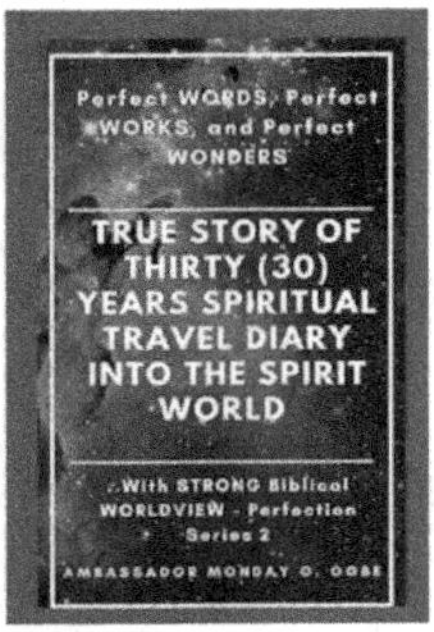

Read sample

True Story of Thirty (30) Years SPIRITUAL TRAVEL Diary into the Spirit World: Perfect WORDS, Perfect WORKS, and Perfect WONDERS

Kindle Edition

by O Ogbe, Ambassador Monday (Author), Peter Tan (Author) Format: Kindle Edition

See all formats and editions

Hello Friends, God is constantly calling His children to the place of perfection. In the garden of Eden, He told our first parent to eat everything except one of the trees. They broke the perfection clause and were driven out of the garden. He told Noah to prepare the ark according to specification and fill it up according to instruction. He told Abraham to walk before Him and be perfect. He told Moses to build the ark of the covenant according to as shown him on the mountain. The perfection clause continued till Jesus time where Jesus said, "I do nothing except what I see my Father doing and He is still calling us today to the place of perfection.

https://www.amazon.com/Story-Thirty-SPIRITUAL-TRAVEL-Spirit-ebook/dp/B0C7YRVSWG

Daftar lengkap

https://www.amazon.com/s?k=Duta+Senin+O.+Ogbe&ref=nb_sb_noss

Halaman penulis - https://www.amazon.com/stores/Ambassador-Monday-O.-Ogbe/author/B07MSBPFNX

Kenyamanan Ladi Ogbe sebagai Amanda Daniel

Safeguarding Innocence: A Guide to Protecting Children from Predators Kindle Edition

by Amanda Daniel (Author)   Format: Kindle Edition

5.0 ★★★★★ 5 ratings   See all formats and editions

In a world where children's safety is a growing concern, Safeguarding Innocence serves as a crucial resource for parents and guardians. This comprehensive guide highlights the importance of awareness and proactive measures to protect children from various threats. It emphasizes open communication, education on safe boundaries, and online safety to equip kids with the tools they need to navigate potential dangers. The book also explores how to respond effectively to suspicious behaviors, the role of legislation, and the significance of community engagement. With sections dedicated to personal stories of resilience and strategies for fostering healthy relationships, this guide empowers caregivers to cultivate a safer environment. Combining practical advice with inspiring narratives, Safeguarding Innocence aims to create a united front against child predation, ensuring that both parents and children can thrive in a secure world.

https://www.amazon.com/Melindungi-Kepolosan-Melindungi-Anak-Anak-Predator-ebook/dp/B0DJ5J31CW

https://www.amazon.com/s?k=Amanda+Daniel&crid=2ZF6MSTQ7W4Q0

www.ingramcontent.com/pod-product-compliance
Lightning Source LLC
LaVergne TN
LVHW010939051026
849532LV00003B/1050
* 9 7 9 8 3 4 9 5 3 0 9 5 1 *